새틀(SETL)을 이용한

시각화
C언어
기초 익히기

저자 | 유홍준 남미영 김성현

(주)소프트웨어품질기술원

🌸 차 례

|||||||||||||||||||||||||||||||||||||||||||||||||||||||||||||||||||||||||||||||||||||||||||

차 례

머리말

1990년대 말부터 C++, Java와 같은 객체지향 언어가 각광을 받기 시작하면서 잠시 주춤했던 C언어가 최근들어 다시 강력한 힘을 받고 다시금 사용자 층을 폭넓게 확보하기 시작했습니다. 그 이유는 무엇일까요? C언어는 구조적 언어이며 객체지향 언어가 아닌데, 현재와 같이 객체지향 개념이 주류를 이루고 구조적 개념은 과거의 개념으로 치부하는 것이 당연할텐데, 왜 사람들은 다시 C언어에 눈을 돌린 것일까요?

그 이유는 간단합니다. C언어가 다시 강력한 힘을 받게 된 이유는 여러가지가 있겠지만 크게 요약 정리하자면 다음의 세 가지로 나타낼 수 있습니다.

첫째, C언어는 최근에 각광을 받고 강력한 사회적 영향력을 발휘하기 시작한 사물인터넷(IoT: Internet of Things), Robot, Arduino, 임베디드 시스템과 같이 소프트웨어와 하드웨어를 결합하는 융합 환경에 적합한 언어입니다.

둘째, C언어는 C++, C#, Java와 같은 객체지향 언어의 기반을 형성하는 언어입니다. 객체지향 언어가 큰 틀에서는 객체 중심입니다. 하지만, 우리가 객체지향 언어를 사용하여 일을 하는 메소드(Method)를 만들 때 C언어와 거의 유사한 방법으로 프로그래밍 합니다. 따라서, C언어를 배우고나면 객체지향 언어를 배우는 것이 아주 쉽습니다.

셋째, C언어는 속도가 빠르며 안정적인 언어입니다. 고급 프로그래밍 언어 중에서 C언어보다 빠른 실행 속도를 가진 언어는 없습니다. 소프트웨어와 하드웨어가 결합되는 융합 환경에서는 속도가 빨라야 안정적인 동작과 효율성 있는 실행 결과를 보장할 수 있습니다. 오랜 기간에 걸쳐서 컴파일의 안정화가 확보된 C언어는 이러한 융합 환경을 신뢰성 있게 지원해주는 아주 든든한 조력자입니다.

이처럼 좋은 점을 많이 가지고 있는 C언어지만 프로그래밍 언어를 처음 접하는 초보자나 어느 정도 익숙한 프로그래밍 능력을 가진 중급자에게 C언어가 쉽게 다가갈 수 없는 언어라는 것도 사실입니다. 어째서 사람들은 C언어를 어려워하는 것일까요?

그 이유도 간단합니다. 사람들이 C언어를 어려워하는 이유를 정리하여 세 가지로 요약하여 나타내면 다음과 같습니다.

첫째, C언어는 자유 형식의 언어입니다. 프로그램을 작성할 때 일정한 형식을 가진 BASIC과 같은 언어와 달리 C언어는 편집 영역 전반에 걸쳐서 자유롭게 프로그래밍하는 것이 가능합니다. 그렇기 때문에, 잘못된 프로그래밍 습관을 익힌 사람의 경우 해독이 곤란한 프로그램을 작성하는 것을 막기 어렵습니다.

둘째, C언어는 포인터 개념을 가지고 있습니다. 포인터 개념은 일반적인 변수 개념과는 달리 주소를 지정하여 값을 저장하는 개념인데, 이것은 기억장소를 관리할줄 알아야 하기때문에 적용이 용이하지 않은 영역입니다.

셋째, C언어는 저수준까지 지원할 수 있는 언어입니다. C언어는 비트 단위의 조작이나 메모리의 세부 조작까지 가능한 언어입니다. 이것은 효율성 측면에서 장점일 수도 있지만, 학습과 숙달을 어렵게 하는 요인으로도 작용합니다.

다시 말해서, C언어는 대단히 효율적인 언어이기는 하지만 고급 프로그래밍 언어 중에서 가장 배우고 익히기 어려운 언어에 속한다고 정리할 수 있습니다. 그렇기 때문에, C언어를 배울 때는 소스 코드를 그대로 익혀서 프로그래밍 하려고 하는 것은 바람직하지 않습니다. 왜냐하면, 프로그래밍 실력을 일정 수준이상으로 올리기 이전에 포기해버릴 가능성이 높아지기 때문입니다.

이를 한 번에 해결해 줄 수 있는 방법은 없을까요? 뜻이 있는 곳에 길이 있다는 말도 있듯이 당연히 길은 있습니다. 다양한 방법 중에서 가장 강력한 힘을 발휘하는 것이 바로 시각화 기술 (Visualization Technology)입니다. C언어의 소스 코드를 작성하기 힘들고, 이해하기 어렵다면 그것을 소스 코드 수준에서 접근하지 말고 제어구조를 시각화하여 파악할 수 있는 설계 수준으로 접근하면 되는 것입니다. 소프트웨어를 더이상 비가시적 특성(Invisible characteristics)을 가진 것으로 보지 않고 가시적 특성을 가진 것으로 만들면 됩니다. 이러한 노력의 결과로 (주)소프트웨어품질기술원에서는 새틀(SETL: Structured Efficiency TooL)이라는 도구를 만들어냈습니다. 이 자동화 도구는 다양한 프로그래밍 언어를 지원해주는데, C언어를 지원해주는 버전을 우리는 SETL_C라고 부릅니다.

이제부터 새틀(SETL)의 C언어 버전인 SETL_C를 사용하여 C언어를 시각화 한 설계 수준에서 이해할 수 있도록 설명해나가고자 합니다. 당연히 실습도 SETL_C로 할 것입니다. SETL_C 프로그램은 교육용 버전을 (주)소프트웨어품질기술원의 홈페이지(http://www.yessqt.com)의 연구 – 소프트웨어 게시판에서 무료로 다운로드 받아서 사용할 수 있습니다. 교육용 버전은 1,000라인까지 자유롭게 지원하기 때문에 교육적 목적으로 사용하는데 무리가 없을 것입니다.

그럼, 새틀(SETL)을 이용한 시각화 C언어 기초 익히기의 세계로 들어가기로 하겠습니다. 이 세계로의 진입은 정말로 지금까지 경험해보지 못한 새로운 기쁨과 성취감을 줄 것입니다.

2015. 05. 22.

공저자 유홍준 , 남미영 , 김성현 드림
㈜소프트웨어품질기술원

01

C언어 둘러보기

1.1 별에서 온 그대 C언어?

 별나라에서 온 우주인이 지구인과 전쟁을 할 것인지 평화로운 사이가 될 것인지를 판단하려면 지구의 역사를 공부하고 이해하여 상황을 잘 파악할 필요가 있습니다. 이제까지 우리는 많은 프로그래밍 언어를 접해왔습니다. 불과 수 십 년 동안에 Fortran, Cobol, GWBasic, Turbo Pascal, Delphi, Ada, Visual Basic, Smalltalk, PHP, Java, Python 등 정말 많은 프로그래밍 언어가 이 세상에서 명멸(明滅)하였습니다. 하지만 현재까지도 변함 없이 두터운 사용자층을 확보하고 있는 언어는 C언어입니다. 그렇다면 C언어는 도대체 어떠한 배경으로 태어났으며, C언어의 조상들은 어떠한 언어였을까요?

 C언어는 1972년에 탄생했습니다. 당시에는 Windows 운영체제가 없었으며, 유닉스(UNIX)라는 운영체제가 탄생한지 얼마 지나지 않았던 시기로, 유닉스라는 운영체제를 효과적으로 사용할 필요가 있었습니다. 이러한 목적을 달성하기 위하여 벨 연구소에서 근무하던 켄 톰슨(Ken Thomson)과 데니스 리치(Dennis Ritchie)가 C언어를 개발했습니다. C언어가 별나라에서 온 그대는 아니지만 벨나라(벨 연구소)에서 온 그대인 것은 확실합니다. 좀 더 자세하게는, 켄 톰슨이 1970년에 B언어를 개발하였으며, 데니스 리치가 B언어를 개선하여 1972년에 C언어를 개발했습니다. 유닉스 시스템을 기준으로 C언어를 만들었으며, 유닉스 시스템 자체도 대부분 C언어로 구축하였습니다. 현재 많이 쓰고 있는 Windows 운영체제의 핵심 프로그램도 C언어가 핵심적인 역할을 했습니다. C언어의 탄생 과정을 요약 정리하면 아래의 그림과 같습니다.

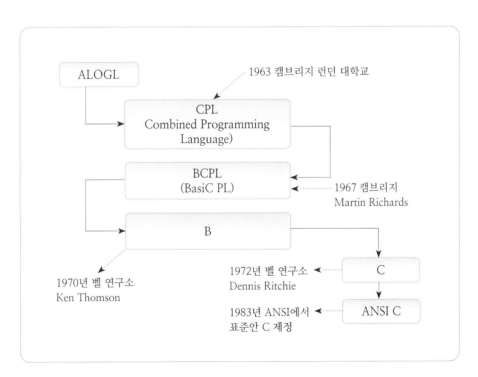

C언어를 이렇게 많이 사용하는 이유는 무엇일까요? C언어의 장점을 크게 세 가지로 나타내면 "이식성", "효율성", "간결성"을 들 수 있습니다. 덧붙여서, C언어는 적은 비용으로 공부할 수 있는 언어입니다.

C언어의 장점을 요약 정리하면 다음 표와 같습니다.

C언어의 장점	
장점	장점 설명
이식성	C언어는 다양한 컴퓨터 환경을 지원하며, 약간의 수정만으로도 다른 컴퓨터에 이식하여 동일하게 실행시킬 수 있습니다.
효율성	C언어는 작은 프로그램의 크기로 구현할 수 있으며 다른 고급 프로그래밍 언어에 비해서 빠른 실행속도를 가지고 있습니다. 또한, 하드웨어나 운영체제와 같은 시스템을 세밀하게 통제할 수 있는 효율적인 프로그래밍 언어입니다.
간결성	C언어는 간결한 문법 및 구문을 기반으로 표준 라이브러리 등과 같이 프로그램 개발에 꼭 필요한 핵심적인 기능들을 제공합니다.

C언어를 작성하는 개발 도구는 마이크로소프트 사에서 무료로 배포하고 있습니다. C언어 개발 도구를 다운로드 받으려면 우선 마이크로소프트사의 C언어 개발 도구 다운로드 홈페이지에 접속하십시오. 간단한 회원가입만으로 다음 그림과 같이 제약 없이 C언어 개발 도구를 다운로드 받아 사용할 수 있습니다. 자세한 설치법과 사용법은 1.3장에서 설명하겠습니다.

C언어의 매력은 무엇일까요? 일단 C언어를 배우면 C++, C#, Java, Python 등 다른 고급 프로그래밍 언어를 쉽게 이해할 수 있습니다. 현재 실무에서 큰 영향력을 가진 고급 프로그래밍 언어의 대부분이 C언어를 기본 모델로 탄생했기 때문입니다. 또한 C언어는 활용분야가 무척 넓습니다. 운영체제, 컴파일러 등과 같은 시스템에 핵심적인 영향을 주는 프로그램을 작성할 때는 물론 게임, 상용 소프트웨어, 산업용 소프트웨어 등에 이르기까지 다양한 응용이 가능합니다.

C언어의 활용 분야	
활용 분야	활용 분야 설명
운영체제	C언어는 유닉스 운영체제를 개발하기 위해 탄생한 언어이기 때문에 리눅스, 윈도우즈 등과 같은 컴퓨터 운영체제 개발에서도 핵심적인 역할을 해왔습니다.
게임	많은 게임들에 사용하는 DirctX, openGL 등은 모두 C언어로 만든 것입니다. 그 이유는 언어가 여타 언어에 비해 뛰어나게 빠른 그래픽 처리 속도를 지원하기 때문입니다.
상용 소프트웨어	C언어는 산업용 및 상용 패키지 소프트웨어에서도 발군의 역할을 해왔습니다. 예를 들어 익스플로러, MS 워드, 아래아 한글, 오라클, 공장 자동화 시스템, 산업용 로봇 제어 프로그램 등 그 적용 사례는 무궁무진합니다.

C언어는 과거의 언어가 아닙니다. 2015년 기준으로 가장 많이 사용되는 언어 중의 하나입니다. TIOBE 통계는 C언어를 톱 클래스 언어로 올리고 있습니다. 통계는 조사기관마다 다를 수 있지만, C언어의 그간의 공헌도를 생각해 볼 때, 상위 순위에 있는 것은 당연한 결과입니다.

개발 언어 사용률					-출처:TIOBE
2015.2	2014.2	Change	Programming Language	Ratings	Change
1	1		C	16.488%	−1.85%
2	2		Java	15.345%	−1.97%
3	4	▲	C++	6.612%	−0.28%
4	3	▼	Objective−C	6.024%	−5.32%
5	5		C#	5.738%	−0.71%
6	9	▲	JavaScript	3.514%	+1.58%
7	6	▼	PHP	3.170%	−1.05%
8	8		Python	2.882%	+0.72%
9	10	▲	Visual Basic.NET	2.026%	+0.23%
10	−	⏫	Visual Basic	1.718%	+1.72%

1.2 C언어의 실행 원리와 시각화 기술의 필요성

C언어를 본격적으로 학습하기 전에 프로그램 언어가 무엇인지, 프로그램 언어를 어떻게 컴퓨터의 중앙처리장치(CPU: Central Processing Unit)가 알 수 있는 실행 파일로 변환하는지 배우겠습니다. 또한 자신이 만들고 싶은 프로그램을 어떤 과정과 절차를 거쳐서 개발하는지 알아보겠습니다.

1.2.1 프로그램을 실행 파일로 만드는 과정

프로그램 언어란 무엇일까요? 영어를 모르는 한국 사람이 있다고 가정해보겠습니다. 한국 사람이 한국어로 아무리 이야기를 해도 미국 사람은 알아들을 수 없습니다. 마찬가지로 여러분이 한국말로 아무리 컴퓨터에게 지시를 내려도 컴퓨터는 미국 사람처럼 알아 들을 수 없을 것입니다. 컴퓨터는 기계어를 사용하여 대화하기 때문입니다.

우리가 기계어(Machine Language)를 배우거나 사용하는 것은 너무 어렵기 때문에 컴퓨터와 대화를 쉽게 할 수 있도록 프로그래밍 언어를 만든 것입니다. 프로그래밍 언어는 프로그램을 작성하는 언어라는 뜻입니다. 프로그래밍 언어는 컴퓨터와 사람 사이의 대화 수단인 셈입니다.

C언어는 컴퓨터와 대화를 하기 위한 많은 고급 프로그래밍 언어 중의 한 종류에 속한다고 볼 수 있습니다.

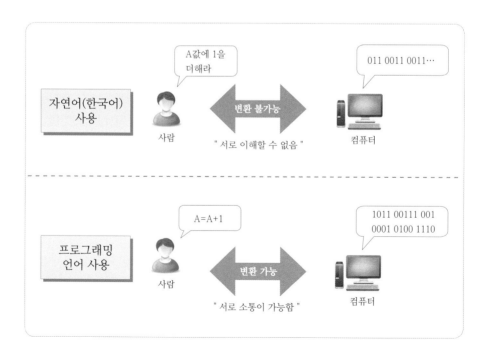

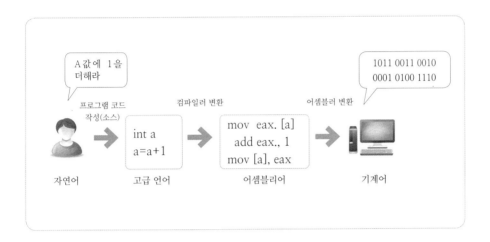 우리는 프로그래밍 언어를 사용하여 프로그램을 작성한 후, 컴퓨터의 중앙처리장치가 이해하는 기계어로 바꾸어 실행시킬 수 있습니다.

그렇다면, 작성한 프로그램을 어떻게 해야 컴퓨터가 이해할 수 있는 기계어로 변환할 수 있을까요?

우선 고급 프로그래밍 언어(C, Java 등)로 작성된 소스 코드를 컴파일러(Compiler)라는 프로그램이 어셈블리어(Assembly Language)로 된 코드로 변환합니다. 그 다음 어셈블러(Assembler)라는 프로그램이 기계어로 다시 변환합니다. 아래의 그림을 참조하면 소스 코드의 기계어로의 변환 과정에 대해 좀 더 쉽게 이해할 수 있을 것입니다.

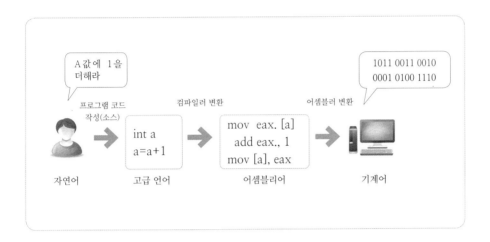

컴퓨터의 중앙처리장치는 C언어와 같은 고급 언어를 바로 이해하지 못합니다. 몇 단계의 변환 과정을 거쳐야 이해할 수 있습니다. C언어 프로그램(소스)을 컴퓨터가 이해하여 실행할 수 있는 파일로 변환하는 과정을 배우기 위해 전처리기(Preprocessor), 컴파일러(Compiler), 어셈블러(Assembler) 등과 같은 기본적인 컴퓨터 용어에 대해 먼저 알아 보겠습니다.

소스 코드의 기계어로의 변환 관련 용어	
기본 용어	용어 설명
소스 코드 (Source Code)	고급 언어(C, Java 등)로 작성한 프로그램 내용을 말하며, 컴파일 하여 어셈블리어로 변환시킬 수 있습니다. 소스 코드(Source Code)를 담은 파일을 소스 파일(Source File)이라고 합니다.
바이너리 파일 (Binary File)	컴퓨터의 중앙처리장치(CPU: Central Processing Unit)가 읽어서 처리할 수 있는 0 또는 1만의 수로 구성한 이진 형식(Binary Format)의 내용을 가진 파일입니다. 실행 파일(Executable File)은 바이너리 파일(Binary File)입니다.

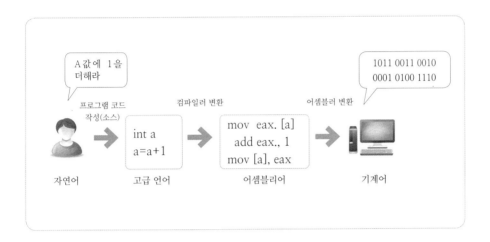

01
C언어 들어가기

기본 용어	용어 설명
전처리기 (Preprocessor)	컴파일을 하기 전에, 작성한 소스 코드에서 다른 소스 파일을 포함하거나, 반복 사용하는 내용을 정의하는 등의 작업을 미리 처리하는 시스템 프로그램입니다.
컴파일러 (Compiler)	고급 언어로 작성된 프로그램(소스 코드)을 어셈블리 언어로 된 코드로 변환하여 기계어로 바꿀 수 있도록 준비하는 시스템 프로그램입니다.
어셈블러 (Assembler)	컴파일러가 어셈블리어로 변환을 완료한 내용을 이진 코드(Binary Code) 형태의 기계어로 변환하는 시스템 프로그램입니다. 이진 코드를 목적(Object) 파일로 저장합니다.
링커 (Linker)	참조해야 하는 라이브러리나 다른 목적(Object) 파일들을 모아서 작성한 목적(Object) 파일과 연결하여 실행이 가능한 파일로 만드는 시스템 프로그램입니다.

C언어로 작성한 소스 파일(Source file)을 실행 파일(Executable file)로 변환하는 과정을 단계별로 살펴보면 다음과 같습니다.

1단계 : C언어로 프로그램 소스 코드를 작성합니다. [파일 확장자 ".c"]
2단계 : 전처리기(Preprocessor)가 컴파일 전에 지시자 등 소스 코드에서 먼저 처리해야 할 일을 작업합니다. [파일 확장자 ".i"]
3단계 : 컴파일러(Compiler)가 전처리가 완료된 내용을 컴파일하여 어셈블리 코드로 변환합니다. [파일 확장자 ".s"]
4단계 : 어셈블러(Assembler)가 어셈블리 코드를 컴퓨터의 중앙처리장치가 이해할 수 있는 이진 목적 파일로 변환합니다. [파일 확장자 ".o"]
5단계 : 링커(Linker)가 이진 목적 파일에 표준 C라이브러리 등 실행에 필요한 파일들을 연결하여 실행 파일로 만듭니다. [파일 확장자 ".exe"]

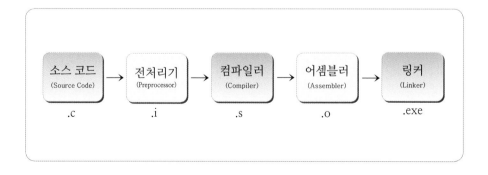

1.2.2 프로그램 개발 과정

앞에서 우리는 프로그램 언어가 왜 필요하며, 어떻게 컴퓨터와 대화하는지 살펴보았습니다. 이번에는 어떤 절차를 거쳐 하나의 프로그램이 만들어지는지 알아보겠습니다.

우리는 생활하는 모든 곳에서 프로그램을 사용하고 있습니다. 산업용 소프트웨어에서부터 패키지 소프트웨어에 이르기까지 광범위하게 사용하고 있으며, 현재도 계속 개발하고 있습니다.

거의 모든 프로그램의 개발과정은 지금까지 개발 프로그램을 어떻게 만들지 구상하고, 구상한 내용을 설계한 다음, 설계서에 준하여 개발하고, 개발한 프로그램을 테스트하여 오류를 제거하고 프로그램을 완성하는 형태였습니다. 이로 인해 개발을 효율적으로 할 수 없는 구조적인 문제점이 있었습니다.

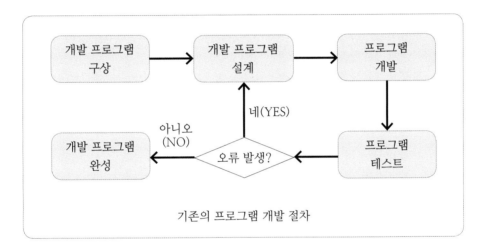

기존의 프로그램 개발 절차

이러한 문제를 단숨에 극복하는 기술이 바로 시각화(Visualization) 기술입니다. 이를 기반으로 공정을 병렬적으로 수행할 수 있습니다.

 참고사항

소프트웨어의 규모가 커질수록 개발에는 여러 사람이 개입되어 개발 절차별로 팀을 구성해 분석->설계->구현 등의 공정 단계를 거쳐서 프로그램을 개발해 왔습니다. 하지만, 기존의 방법은 고객의 요구사항에 효율적인 대응이 곤란하여 개발 적체와 비용 증가를 초래합니다. 이러한 문제를 해결하기 위해 소프트웨어가 가진 비가시적인 특성을 시각화(Visualization) 기술을 통해 가시적인 특성으로 바꾸면, 설계와 구현을 병렬적으로 구현함으로써 개발 효율성을 증가시켜 줄 수 있습니다.

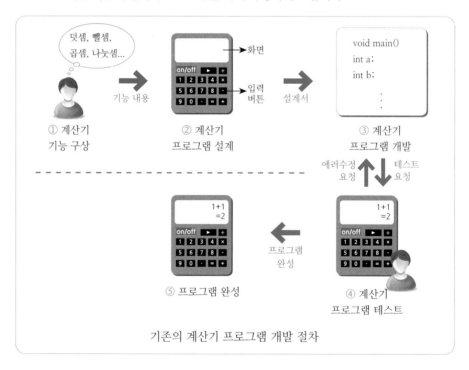

계산기 프로그램 만들기를 예로 들어 좀 더 쉽게 기존의 개발 방법과 병렬 개발 방법을 설명하겠습니다.

① 계산기 기능 구상
  - 기본 사칙연산만 수행을 할 것인지 최소 공배수, 최대 공약수 등의 계산 기능을 추가할 것인지 등 계산기의 기능을 결정합니다.

② 계산기 프로그램 설계
  - 계산기 모양, 입력·출력 방식은 어떻게 할 것이며, 결정된 계산기 기능을 어떻게 구현할 것인지 설계합니다.

③ 계산기 프로그램 개발
  - 계산기 프로그램 설계서에 정의된 대로 프로그램 언어(C, JAVA, Python 등)를 사용하여 프로그램을 작성합니다.

④ 계산기 프로그램 테스트
  - 작성한 프로그램을 실행하여, 설계된 기능이 정상적으로 작동하는지 테스트합니다. 만일 문제가 발생하면, 프로그램을 개선한 후 테스트를 다시 수행합니다.

⑤ 계산기 프로그램 완성
  - 완성된 계산기 프로그램을 사용합니다. 설계한 대로 기능이 정상적으로 작동하지만 좀 더 추가적인 기능이 필요할 것 같다면, ① 계산기 기능 구상부터 다시 개발 공정 단계를 거슬러 올라가 프로그램을 다시 작성하기도 합니다.

기존의 계산기 프로그램 개발 절차

이전의 방식은 위의 ①~⑤의 단계를 순차적으로 진행하는 형태로 개발을 하는 것이 일반적이었습니다. 즉, 각 개발 공정간의 절환이 직렬형으로 이루어졌습니다.

16

　하지만, 병렬형 개발에서는 설계, 구현, 테스트 공정을 병렬적으로 수행할 수 있습니다. 즉, 3명의 개발자가 작업한다고 할 때 아래의 그림과 같이 병렬형으로 진행할 수 있도록 개선이 이루어졌습니다.

　또한, 기존에 개발한 프로그램을 유지보수 하거나 고도화 할 때에는 테스트부터 수행하거나 설계, 개발, 테스트를 병렬적으로 수행하는 것이 모두 가능합니다. 개발 및 유지보수 효율성을 획기적으로 증대시킬 수 있는 것입니다.

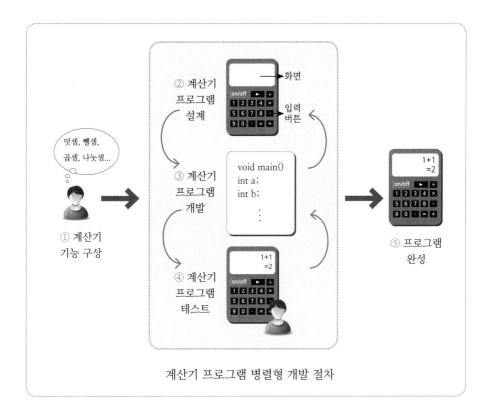

계산기 프로그램 병렬형 개발 절차

1.3 Visual Studio와 새틀(SETL)의 설치 방법

앞 장에서는 C언어의 기본적인 내용에 대하여 다루었습니다. 간략하게 정리해 보면 C언어는 프로그램을 작성하기 위하여 개발된 고급언어이며, 컴파일 과정을 통하여 컴퓨터가 이해할 수 있는 기계어로 변환되어 사용된다는 것을 알 수 있습니다. 또한 5단계의 프로그램 기본 개발 과정도 익혔습니다.

이 장에서는 C언어로 프로그램을 작성하기 위하여 마이크로소프트 사에서 무료로 제공하는 "Visual Studio Community 2013"을 설치하여 C 프로그램 개발 환경을 만든 후, 간단한 프로그램 작성법과 C 프로그램 구조에 대하여 배우도록 하겠습니다. 또한 (주)소프트웨어품질기술원에서 교육용으로 제공하는 "SETL_C"를 설치하여, 시각적으로 프로그램의 구조를 익히는데 활용하겠습니다.

1.3.1 Visual Studio Community 2013 설치하기

C언어 프로그램을 쉽게 작성하고 실행 결과를 확인할 수 있는 "비주얼 스튜디오(Visual Studio)" 개발 도구의 다운로드 및 설치는 아주 쉽습니다. 본 서에서는 "Visual Studio Community 2013" 버전을 기준으로 설명하겠습니다. 이 버전을 기준으로 접근한다면 다른 버전도 쉽게 설치법을 적용할 수 있을 것입니다. 프로그램을 내려 받기 하려면 먼저 마이크로소프트 사에 계정을 등록해 두어야 합니다.

[1단계] Visual Studio Community 2013 내려 받기 주소로 이동 후 설치파일 다운로드

브라우저를 열고 "https://www.visualstudio.com/products/visual-studio-community-vs" 주소로 이동합니다. 이동한 다운로드 화면에서 "다운로드"를 선택하고 설치 파일을 내려 받습니다.

[2단계] 내려 받은 파일 실행

  내려 받은 폴더로 이동하여 "vs_community.exe" 파일을 더블 클릭(Double Click)하고, 팝
업창이 뜨면 "실행" 버튼을 클릭합니다.

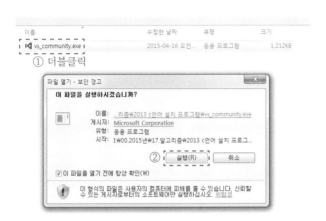

[3단계] "I agree to the Licence Terms and Privacy Policy" 체크

  "I agree to the Licence Terms and Privacy Policy"를 체크하여 저작권 조건 및 개인정보정
책에 동의하고 하단의 'Next(다음)' 버튼을 클릭합니다.

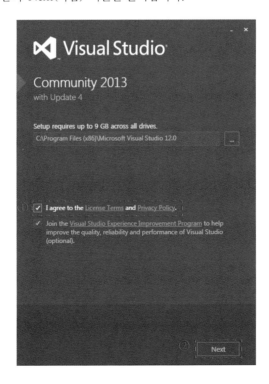

[4단계] INSTALL버튼 클릭

화면 하단의 INSTALL버튼을
누릅니다. 설치를 완료할 때까지
30분 이상 소요됩니다.

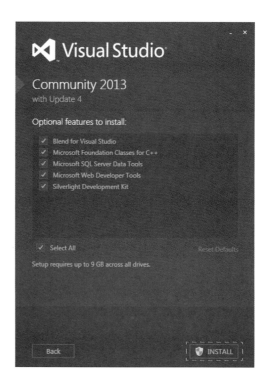

[5단계] Restart Now버튼 클릭

설치를 모두 마쳤으면 Restart Now
버튼을 눌러 컴퓨터를 재시작합니다.

20

[6단계] Visual Studio Community 2013 설치 후 로그인

윈도우즈 메뉴에서 Visual Studio Community 2013 프로그램을 실행시키면, 아래와 같은
화면이 나타납니다. 그러면 Sign in을 클릭하여 Microsoft 계정으로 로그인합니다.

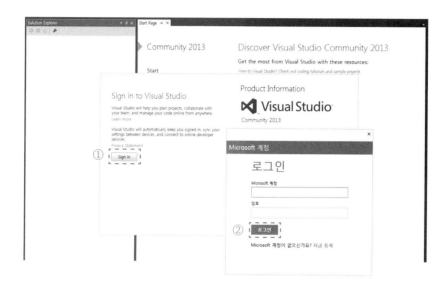

[7단계] Visual Studio Community 2013 로그인 후 확인

Microsoft 계정으로 로그인한 후 아래 화면이 나타나면 정상적으로 설치를 마친 것입니다.

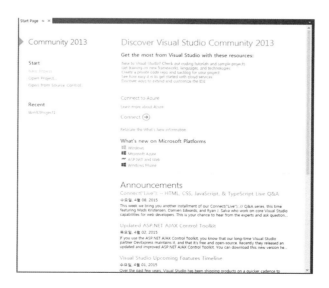

1.3.2 C 프로그램 개발 환경 만들기

Visual C++ Community 2013 개발 도구로 C언어 프로젝트를 생성하고 "Hello C"를 화면에 출력하는 간단한 프로그램을 만들어 보겠습니다.

[1단계] 상단의 메뉴에서 File(파일)→New(새로 만들기)→ Project(프로젝트) 선택

Visual C++ Community 2013 개발 도구를 열고 상단의 메뉴에서 File(파일)→New(새로 만들기)→ Project(프로젝트)를 선택합니다.

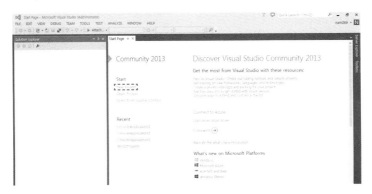

[2 단계] "Win32 Console Application(Win32 콘솔 응용 프로그램)" 선택 후 "Name(이름)" 항목 입력

새 프로젝트 창에서 "Win32 Console Application(Win32 콘솔 응용 프로그램)"을 선택합니다. 그리고 하단의 "Name(이름)" 항목에 "Hello"를 입력하고 "OK(확인)" 버튼을 클릭합니다.

[3단계] Win32 Application Wizard(Win32 응용 프로그램 마법사) 화면에서 "Next(다음)" 선택

　Win32 Application Wizard(Win32 응용 프로그램 마법사) 창에서 "Next(다음)" 버튼을 선택합니다.

[4 단계] "Empty project(빈 프로젝트)" 선택 후 "Finish(마침)" 선택

　Win32 Application Wizard(Win32 응용 프로그램 마법사) 창의 추가 옵션 항목에서 "Empty project(빈 프로젝트)"를 체크하고 하단의 "Finish(마침)" 버튼을 선택합니다.

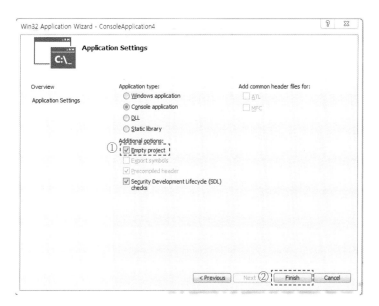

[5단계] "Source File(소스파일)"에서 "New Item(새항목)" 추가

 Solution Explorer(솔루션 탐색기)에서 "Source File(소스파일)" 오른쪽 마우스 클릭 후 Add(추가)→New Item(새 항목)을 선택합니다.

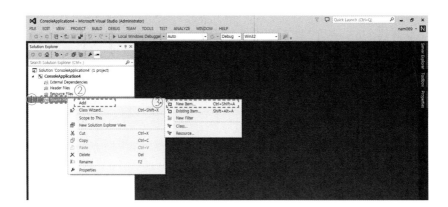

[6 단계] "C++ File(.cpp)"을 선택하고 이름을 입력한 후 "Add(추가)" 선택

 Add New Item(새 항목 추가) 창에서 "C++ File(.cpp)" 항목을 선택하고 하단의 "Name(이름)" 항목에 "hello_c.c"를 입력한 후 "Add(추가)" 버튼을 선택합니다.

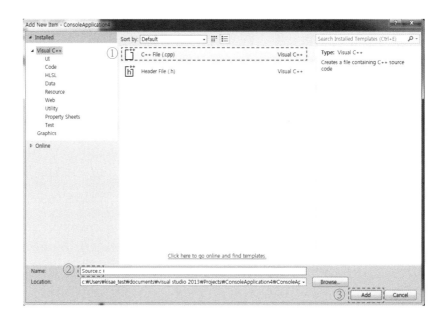

이제 Visual C++ Community 2013 도구로 C 프로그램을 작성할 수 있도록 기본 작업을 마쳤습니다. Visual C++ 개발 도구는 C 프로그램을 작성하여 작성된 프로그램을 컴파일 한 후에 실행이 가능한 파일로 만들어 줍니다. 아울러 개발자에게 프로그램 결과를 보여주고 프로그램을 쉽게 수정할 수 있도록 도와줍니다.

개발 도구 화면의 각 영역은 다음과 같이 각각 추구하는 사용 목적을 가지고 있습니다.

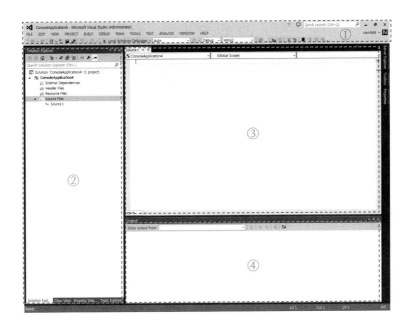

① : File(파일), Edit(편집), View(보기), Build(빌드), Debug(디버그) 등 메뉴 영역
② : 프로그램이 포함하는 파일, 소스 파일 등 솔루션 탐색기 영역
③ : C 프로그램 작성을 위한 편집 영역
④ : 프로그램 에러, 컴파일, 빌드, 디버깅 등 정보 출력 영역

 참고사항

디버깅 이란?

디버깅은 프로그램에 오류가 발생했을 경우 오류를 수정하는 작업을 말합니다. 디버깅 모드에서는 한 줄씩 프로그램을 실행하거나, 원하는 위치로 이동하여 프로그램 오류를 찾을 수 있도록 도와줍니다.

1.3.3 새틀(SETL) 설치하기

구조화 객체 부품인 '쏙(SOC)'을 기반으로 하는 소프트웨어 설계 자동화 지원도구인 '새틀
(SETL)'을 설치하여 활용하면, 설계도를 시각적으로 나타내어 프로그램의 구조를 파악하는
데 매우 용이합니다.

새틀(SETL)은 한글판과 영문판이 각각 존재합니다. 한글판과 영문판의 사용 방법은 모두
같고, 언어만 다릅니다.

새틀(SETL)에서 기본적으로 제공하는 파일은 다음과 같습니다.
① setlc_k.exe
② MFC42D.DLL
③ MFCO42D.DLL

[1단계] 압축파일로 제공된 "SETL_C.zip" 파일을 내컴퓨터 C드라이브에 압축풀기를 합니
다.(반드시 C드라이브의 Root에서 압축을 풀어야 합니다.)

[2단계] 생성된 "SETL_C" 폴더에 "work"폴더를 생성합니다.

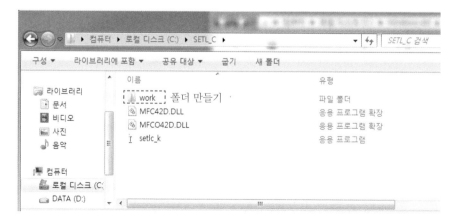

1.3.4 "Hello C!" 출력 프로그램 만들어 보기

이번 절에서는 개발 도구를 사용하여 "Hello C"를 출력하는 프로그램을 만들고, 그것을 기준으로 C 프로그램의 기본 구조에 대하여 간단하게 알아보겠습니다.

우선 개발도구의 프로그램 편집 창에 아래와 같이 프로그램을 입력하고 실행 결과를 확인해 보십시오.

```
1    // Hello C  출력 프로그램
2
3    #include<stdio.h>
4
5    void main() {
6    printf ("Hello C!\n ");
7    }
8
```

프로그램 작성을 완료했다면, Ctrl 키와 F5 키를 동시에 눌러서 프로그램을 빌드(build)합니다. 빌드란 소스 코드를 컴파일 및 링크하여 실행 파일을 생성하여 실행시키는 과정입니다. 즉 빌드를 하면 작성한 프로그램을 컴파일(Compile)-링크(Link)-실행(Execute)까지 통합적으로 수행할 수 있습니다. 빌드 결과는 개발도구 하단의 출력 영역에서 확인할 수 있습니다.

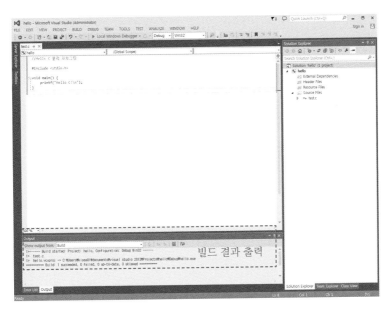

빌드 결과 출력

빌드 중에 "Microsoft Visual Studio" 창이 나타나면, "Do not show this dialog again(이 대화 상자를 다시 표시 안 함)"을 체크하고 "Yes(예)"를 선택하면 빌드 시에 다시 똑같은 메시지가 나타나지 않습니다.

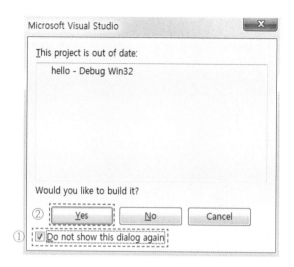

프로그램의 실행이 정상적으로 이루어지면 명령 모드(Command Mode)의 도스(DOS: Disk Operating System) 창에서 "Hello C!"라는 출력 내용을 확인할 수 있습니다.
아래의 그림과 같은 출력 결과가 나타납니다.

자세한 내용은 앞으로 배울 것이기 때문에 "Hello C" 출력 프로그램의 내용에 대한 기본적인 내용만 설명하겠습니다.

1   // Hello C 출력 프로그램

1번 행은 프로그램을 설명하기 위한 내용입니다. 여러 사람이 프로그램을 나누어 작성하거나 아주 긴 프로그램을 작성하다 보면, 작성내용을 모두 기억할 수 없습니다. 따라서 프로그램의 시작에 프로그램의 설명을 적어두는 것이 중요합니다. 프로그램 설명 부분은 기계어로 바꿔서 실행할 필요가 없는 부분이기 때문에 컴파일러가 무시하고 넘어갈 수 있도록 "주석 (//, /* */)"으로 감싸주어야 합니다.

"//" 주석은 C 프로그램 소스 코드의 각 행의 앞(왼 쪽)에 붙여서 해당 줄을 컴파일러가 읽지 않도록 합니다. 여러 줄을 읽지 않도록 하려면 "/*"으로 시작해서 문장을 여러 줄 입력하고 맨 마지막에 "*/"을 입력하는 형태로 감싸주면 됩니다. 그렇게 하면 여러 줄의 문장을 주석 처리할 수 있습니다. 참고로 주석 처리한 문장은 초록색으로 변합니다.

```
// 한줄 주석
// Hello C 출력 프로그램

/* 여러 줄 주석 */
/* Hello C를 출력하는
   프로그램입니다.
   */

100 %
```

```
3    #include <stdio.h>
```

3번 행은 이미 작성된 프로그램을 불러서 사용하기 위해 선언하는 부분입니다. 프로그램에서 "printf"라는 명령어(함수)를 사용하기 위하여 프로그램의 맨 위에 헤더 파일(Header File)을 포함시켜 준 것입니다. C언어는 인터프리터 형 언어와 달리 꼭 필요한 명령어 모음집(라이브러리: Library)만 포함시켜 컴파일함으로써 프로그램을 보다 최적화할 수 있습니다.

```
5    void main() {
```

5번 행의 main 함수는 C언어로 작성한 프로그램을 실행시킬 때 가장 먼저 일을 하는 함수입니다. C언어 프로그램은 아무리 많은 함수(Function)를 만들더라도 반드시 main 함수가 가장 먼저 일을 하기 시작하여 점점 다른 함수가 일을 하도록 확장하는 형태로 실행이 이루어집니다. 이 함수를 C++, C#, Java 등과 같은 객체지향 언어(OOPL: Object-Oriented Programming Language)에서는 메소드(Method)라고 부릅니다

```
6  printf ("Hello C!₩n");
```

printf()라는 명령어(함수)는 "Hello C!"라는 문장을 명령 모드(Command Mode)의 도스(DOS: Disk Operating System) 창에 출력하라는 명령어입니다. 그런데 어떻게 만들지도 않은 명령어를 사용할 수 있을까요?

printf()라는 명령어는 이미 만들어 놓은 것을 가져다 쓰는 것이기 때문입니다. 문장을 하나 출력하는데 프로그램을 또 만들어야 한다면 프로그램 작성의 효율성 저하를 초래하기 때문에 이미 만들어 놓은 명령어를 사용하는 것입니다.

3번 행의 "#include〈stdio.h〉" 명령은 prinrf()와 같이 입출력을 수행하는 명령어를 지원하는 명령어 모음집(라이브러리)입니다. stdio는 "Standard Input/Output"이라는 뜻을 가지고 있어서, 표준적인 입출력을 수행할 수 있도록 지원합니다. 따라서 priintf() 명령어를 사용하려면 명령어의 앞쪽에 반드시 stdio 라이브러리를 포함해 주어야 합니다.

'₩n'은 행바꿈, '세미콜론(;)'은 국어에서 마침표(.)와 같이 하나의 문장의 끝임을 알려 줍니다. '₩'은 한국어 버전의 Visual Studio에서는 원화(Won) 기호 모양으로 나타나지만, 영어 버전의 Visual Dudio에서는 백슬래시(Backslash) 기호 모양으로 나타납니다

```
7  }
```

7번 행의 "}"는 main 함수의 마지막을 나타냅니다. 5번째 줄에서 "{"로 함수의 시작을 나타내며, 7째 줄에서 "}"를 사용하여 main() 함수의 끝을 표시해 준 것입니다. 둘은 항상 쌍으로 사용되기 때문에 "{"으로 시작하면 반드시 "}"로 끝나야 합니다.

컴파일러가 "{"를 만나면 해당 함수가 시작된다는 것을 알고 작업을 시작하며, "}"를 만나면 해당 함수가 작업을 완료하였다고 판단하기 때문입니다.

 알아두기

C언어는 대문자와 소문자를 구별하기 때문에 반드시 대소문자를 구분하여 프로그램을 작성해야 합니다. 만일 대·소문자가 틀리면 프로그램을 컴파일 할 경우에 에러가 발생합니다.
〈예〉 Main　(에러)，main　(O)
　　 printf　(O)，PIINTF　(에러)

○╍ **응용과제**

●→ 과제 1.1   C언어가 탄생한 시대적 배경을 컴퓨터 역사에 대비하여 조사해 보세요.

●→ 과제 1.2   기존의 코딩 중심으로 하는 C 프로그래밍의 문제점을 조사하고 설계와 코딩을 융합하는 시각화 C 프로그래밍 방법의 등장을 초래한 원인을 정리해 보세요.

●→ 과제 1.3   원칙적으로 설계를 먼저 수행하고 나서 코딩 작업에 들어가는 것이 바람직함에도 불구하고, 현실적으로 설계와 코딩을 병행하여 작업할 수 있는 병렬형 개발(Parallel Development) 방법의 적용이 필연적인 이유를 생각해 보세요.

●→ 과제 1.4   현재 객체지향 프로그래밍 언어(OOPL: Object-Oriented Programming Language)가 대세임에도 불구하고 IoT 환경에서 C언어가 다시 각광을 받기 시작한 배경에 대해 조사해 보세요.

●→ 과제 1.5   설계와 코딩을 융합하는 병렬형 개발 시각화 C 프로그래밍 지원 도구인 새틀(SETL: Structured Efficiency TooL, 구조화능률도구)에서 능률(能率, Efficiency)의 개념이 C 프로그래밍에서 어떠한 역할과 의미를 갖는지 생각해 보세요.

02

C에서의 데이터와 연산자 사용

2.1 상수와 변수의 개념을 이해하기

2.1.1 C언어에서 상수와 변수 데이터의 차이

변수란 값을 담는 상자나 그릇을 의미합니다. 항아리에 고추장을 넣으면 고추장 독이 되고, 간장을 넣으면 간장 독이 되듯이, 들어가는 값에 따라 변하기 때문에 변수라고 부릅니다.

값이 변하지 않는 것을 우리는 상수(常數: Constant)라고 부릅니다.

상수를 프로그래밍 하면 다음과 같습니다.

쏙(SOC)

```
#include <stdio.h>

◆void main()

    □상수를 출력한다.
            · printf("%d\n", 3);
            · printf("%f\n", 5.0);
            · printf("%c\n", 'A');
            · printf("%s\n", "BCDEF");
```

프로그램

```
#include <stdio.h>

void main() {

    //.상수를 출력한다.
    {
        printf("%d\n", 3);          ←——————  숫자상수 3을 정수 서식으로 출력
        printf("%f\n", 5.0);        ←——————  숫자상수 5.0을 실수 서식으로 출력
        printf("%c\n", 'A');        ←——————  문자상수 'A'를 출력
        printf("%s\n", "BCDEF");    ←——————  문자열상수 "BCDEF"를 출력
    }
}
```

여기서 프로그램과는 별도로 쏙(SOC: Structured Object Component)이라는 표현법이 등장했는데, 당황할 필요는 없습니다. 이것은 개요 설계, 상세 설계 및 코딩을 융합하여 표현하는 융합 설계 방법입니다. 뒤에서 자세히 설명하므로 지금은 그냥 넘겨도 됩니다.

▶ 실행 결과

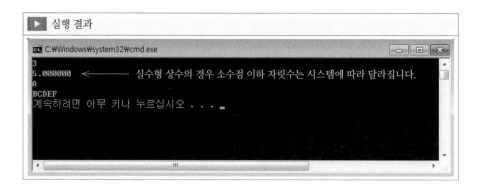

```
C:\Windows\system32\cmd.exe
3
5.000000  ←────────── 실수형 상수의 경우 소수점 이하 자릿수는 시스템에 따라 달라집니다.
A
BCDEF
계속하려면 아무 키나 누르십시오 . . . ■
```

C에서 사용되는 변수를 종류별로 구분하면 다음과 같습니다.

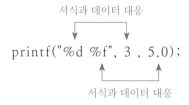 알아두기

printf()의 다양한 서식

서식과 데이터 대응

$$printf("\%d \%f", 3 , 5.0);$$

서식과 데이터 대응

printf()의 다양한 서식지정은 데이터의 형식에 따라 달라지며, 종류는 다음과 같습니다.

서식구분	내용	예
%d	정수 표시	−5, −4, 0, 1, 2, 3
%f	실수 표시	0.1, 0.02, 5.56
%c	문자 표시	'a', 'A'
%s	문자열 표시	"XYZ", "바다"

36

2.1.2 숫자형 변수의 선언과 사용 방법

가. 숫자형 변수의 선언과 대입

변수를 사용하기 위해서는 반드시 변수를 선언해야 합니다. 선언한 변수에는 값을 집어 넣을 수 있습니다.

정수만을 담는 변수를 정수형 변수라고 하며, 실수를 정수형 변수에 담으면 0의 값이 출력됩니다.

정수형 변수, 실수형 변수의 공간을 할당하는 방법은 다음과 같습니다.

정수형의 이름	읽는 법	설 명
int	인트	4byte, 범위 .... −21억 ~ 21억
long	롱	8byte, 범위 .... −900경 ~ 900경
short	쇼트	2byte , 범위.... −32,768 ~ 32,767
char	챠	1byte, 범위 .... −128 ~ 127
unsigned	언사인드	부호없음 0~4,294,967,295 유효숫자가 늘어남

실수형의 이름	읽는 법	설 명
float	플로트	4byte, 범위 .... −21억 ~ 21억
double	더블	8byte, 범위 .... −900경 ~ 900경

 참고사항

변수의 이름을 짓는법

사람의 이름을 짓는 데에 일정한 형식이 있듯이, 변수의 이름을 짓는 데에도 아래와 같이 일정한 형식이 있습니다.

- 변수 이름으로 예약어(true, for, if 등)를 사용해서는 안됩니다.
- 변수의 첫 글자로 숫자나 특수문자를 사용해서는 안됩니다.
  (변수 이름으로 특수문자 $, _ 등은 허용되지만 바람직하지는 않습니다.)
- 대소문자를 확실히 구분하여 작성해야 합니다.

A라는 정수형(integer) 변수에 9라는 값을 대입하면 다음과 같습니다.

- int A;
  정수(integer) 값이 들어가는 A라는 이름의 변수를 만듭니다. 이것을 int형 변수 A를 선언한다고 합니다.

- A=9;
  int 형으로 만들어진 변수 A에 9라는 값을 넣습니다. 이것을 변수 A에 9를 대입한다고 합니다.

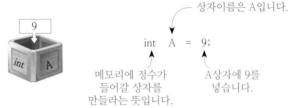

위 내용을 프로그래밍 하면 아래와 같습니다.

```
#include <stdio.h>

◆void main()

  · int a = 9;
  □정수형 변수값을 출력한다.

        · printf("정수형 변수 a의 값은 %d입니다.Wn", a);
```

프로그램

```
#include <stdio.h>

void main() {
  int a = 9;

  //.정수형 변수값을 출력한다.
```

```
    {
        printf("정수형 변수 a의 값은 %d입니다.₩n", a);
    }
}
```

▶ 실행 결과

정수형 변수 a의 값은 9입니다.
계속하려면 아무 키나 누르십시오 . . .

예 제

나이가 18세, 몸무게 63.5Kg, 신장 170.5cm를 정수형 변수와 실수형 변수를 사용
하여 출력하는 프로그램을 작성해 보세요.

쏙(SOC)

```
#include <stdio.h>

◆main()

    · int age = 18;            ※ 나이 18세: 정수형
    · float weight = 63.5;     ※ 몸무게 63.5kg: 단정도 실수형
    · double height = 170.5;   ※ 신장 170.5cm: 배정도 실수형
    □숫자형 변수값을 출력한다.

            · printf("나이 = %d 세₩n", age);
            · printf("몸무게 = %f kg₩n", weight);
            · printf("신장 = %lf cm₩n", height);
```

프로그램

```
#include <stdio.h>
```

```
main() {
    int age = 18;              // 나이 18세: 정수형
    float weight = 63.5;       // 몸무게 63.5kg: 단정도 실수형
    double height = 170.5;     // 신장 170.5cm: 배정도 실수형

    //.숫자형 변수값을 출력한다.
    {
        printf("나이 = %d 세\n", age);
        printf("몸무게 = %f kg\n", weight);
        printf("신장 = %lf cm\n", height);
    }
}
```

▶ 실행 결과

```
C:\Windows\system32\cmd.exe
나이 = 18 세
몸무게 = 63.500000 kg
신장 = 170.500000 cm
계속하려면 아무 키나 누르십시오 . . .
```

📋 **알아두기**

C언어에서 주석(설명)문 작성시 사용하는 기호는 다음과 같습니다.

/* 문자열 */   ← 여러 줄의 주석처리

// 문자열   ← 한 줄의 주석처리

참고로, 쏙(SOC)을 C코드로 변환한 후 "//." 와 같이 쌍빗줄(//)+마침표(.)
로 나타나는 것은 제어구조의 목적을 의미합니다.

2.1.3 문자형 변수의 선언과 사용 방법

가. 문자형 변수의 선언과 대입

C언어에서 문자라고 하는 것은 '반각문자' 한 개를 의미하며, 문자를 숫자로 표현하기 위
해 문자 하나마다 숫자를 하나씩 매칭 시켜 놓았는데 그 대응 관계를 나타낸 국제 표준 표를
'ASCII' 코드표라고 합니다.

문자를 담는 변수의 형은 'char' 이며, 공간을 할당하는 방법은 다음과 같습니다.

a라는 문자형 변수에 'A'라는 값을 대입한다면 다음과 같습니다.

char a = 'A';

메모리에 문자가   a상자에 A를
들어갈 문자형 상자를   넣습니다.
만들도록 선언합니다.

- 문자는 ' '(작은 따옴표)로 둘러쌉니다.
- 'A'와 65는 컴퓨터 내부에서는 동일한 값으로 보기 때문에 char a = 65; 라고 프로그
  래밍 하여도 동일한 값을 출력합니다.

위의 내용을 프로그래밍 하여 'A'와 65를 출력하면 아래와 같습니다.

쑥(SOC)

```
#include <stdio.h>

◆main()
   ·char level = 'A';  ※문자형 변수 선언 및 초기화
   ·char leve2 = 65;
   □문자형 변수를 처리한다.

         ·printf("학점1 = %c ₩n", level);
         ·printf("학점2 = %c ₩n", leve2);
```

프로그램

```
#include 〈stdio.h〉

main() {
  char level = 'A';  // 문자형 변수 선언 및 초기화
  char leve2 = 65;

  //.문자형 변수를 처리한다.
  {
    printf("학점1 = %c ₩n", level);
    printf("학점2 = %c ₩n", leve2);
  }
}
```

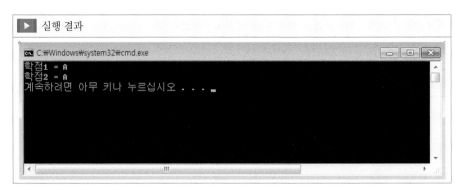

▶ 실행 결과

```
C:\Windows\system32\cmd.exe
학점1 = A
학점2 = A
계속하려면 아무 키나 누르십시오 . . .
```

📋 **알아두기**

아래 표는 미국표준학회(ASA)에서 정한 아스키(ASCII, American Standard Code for Information Interchange) 코드로 8 비트 데이터를 이용하여 여러 문자에 번호를 붙인 것입니다.

10진수	ASCII	10진수	ASCII	10진수	ASCII	10진수	ASCII
0	NULL	32	SP	64	@	96	`
1	SOH	33	!	65	A	97	a
2	STX	34	"	66	B	98	b
3	ETX	35	#	67	C	99	c
4	EOT	36	$	68	D	100	d
5	ENQ	37	%	69	E	101	e
6	ACK	38	&	70	F	102	f
7	BEL	39	'	71	G	103	g
8	BS	40	(	72	H	104	h
9	HT	41	)	73	I	105	i
10	LF	42	*	74	J	106	j
11	VT	43	+	75	K	107	k
12	FF	44	`	76	L	108	l
13	CR	45	–	77	M	109	m
14	SO	46	.	78	N	110	n
15	SI	47	/	79	O	111	o
16	DLE	48	0	80	P	112	p
17	DC1	49	1	81	Q	113	q
18	SC2	50	2	82	R	114	r
19	SC3	51	3	83	S	115	s
20	SC4	52	4	84	T	116	t
21	NAK	53	5	85	U	117	u
22	SYN	54	6	86	V	118	v
23	ETB	55	7	87	W	119	w
24	CAN	56	8	88	X	120	x
25	EM	57	9	89	Y	121	y
26	SUB	58	:	90	Z	122	z
27	ESC	59	;	91	[	123	{
28	FS	60	<	92	₩	124		
29	GS	61	=	93	]	125	}
30	RS	62	>	94	^	126	~
31	US	63	?	95	_	127	DEL

나. 문자형 배열 변수의 선언과 대입

여러 개의 문자를 모아놓은 것을 문자열이라고 하며, 문자열은 문자형 배열 변수에 담을 수 있습니다. 'char' 형을 사용하여 문자열을 담는 문자형 배열 변수의 공간을 할당하는 방법은 다음과 같습니다.

X[10]이라는 문자형 배열 변수에 "hello C"라는 값을 대입한다면 다음과 같습니다.

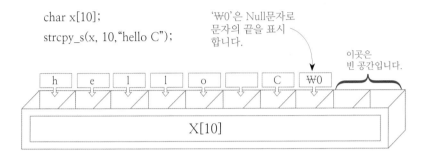

```
char x[10];
strcpy_s(x, 10, "hello C");
```

'₩0'은 Null문자로 문자의 끝을 표시 합니다.

이곳은 빈 공간입니다.

| h | e | l | l | o | | C | ₩0 | | |

X[10]

- 문자열은 " "(큰 따옴표)로 둘러쌉니다.
- [ ] 속의 숫자를 생략하면 (문자 수 + 1)만큼의 공간을 자동적으로 할당합니다.
- '=' 는 문자열 값을 초기화 할 경우 사용하며, 문자형 배열 변수의 대입은 strcpy_s() 함 수를 사용합니다.

위 내용을 프로그래밍 하여 출력하면 아래와 같습니다.

쏙(SOC)

```
#include <stdio.h>
#include <string.h>

◆main()
 ·char greeting[10] = "Hello C!";  ※문자형 배열변수 선언 및 초기화
 □문자형 배열변수를 처리한다.

   ·printf("%s₩n",greeting);         ※문자형 배열변수 출력
   ·strcpy_s(greeting, 10, "Good!"); ※문자형 배열변수로 문자열 복사
   ·printf("%s₩n",greeting);         ※복사된 문자형 배열변수 출력
```

프로그램

```
#include 〈stdio.h〉
#include 〈string.h〉  ←——— strcpy_s()를 사용하려면 필요합니다.

main() {
  char greeting[10] = "Hello C!";     // 문자형 배열변수 선언 및 초기화

  //.문자형 배열변수를 처리한다.
  {
    printf("%s\n",greeting);          // 문자형 배열변수 출력
    strcpy_s(greeting, 10, "Good!");  // 문자형 배열변수로 문자열 복사
    printf("%s\n",greeting);          // 복사된 문자형 배열변수 출력
  }
}
```

▶ 실행 결과

```
C:\Windows\system32\cmd.exe
Hello C!
Good!
계속하려면 아무 키나 누르십시오 . . .
```

예 제

문자형 배열 변수를 사용하여 아래의 결과를 출력하도록 프로그램을 작성해 보세요.

```
KIM
 LEE
  BAK
```

44

```
#include <stdio.h>

◆main()
 ┌·char name1[] = "KIM";  ※문자형 배열변수 선언 및 초기화
 │·char name2[] = "LEE";
 │·char name3[] = "SEO";
 □문자열 변수값을 출력한다.
 ┌ ┌·printf("%4s\n", name1);  ※공백을 포함한 4자리 지정 출력
 │ │·printf("%5s\n", name2);  ※공백을 포함한 5자리 지정 출력
 │ │·printf("%6s\n", name3);  ※공백을 포함한 6자리 지정 출력
 │ └
 └
```

프로그램

```
#include <stdio.h>

main() {
    char name1[] = "KIM";       // 문자형 배열변수 선언 및 초기화
    char name2[] = "LEE";
    char name3[] = "SEO";

    //.문자열 변수값을 출력한다.
    {
        printf("%4s\n", name1); // 공백을 포함한 4자리 지정 출력
        printf("%5s\n", name2); // 공백을 포함한 5자리 지정 출력
        printf("%6s\n", name3); // 공백을 포함한 6자리 지정 출력
    }
}
```

▶ 실행 결과

```
C:\Windows\system32\cmd.exe

 KIM
  LEE
   SEO
계속하려면 아무 키나 누르십시오 . . . ▁
```

2.2 표준 입출력을 통한 데이터의 처리

 ### 2.2.1 서식에 맞춰 출력하는 표준 printf( ) 함수

기본적으로 스크롤 바를 사용하지 않고 PC의 텍스트(Text) 창에서 문자를 나타낼 수 있는 X축을 열(Column)이라고 하고, Y축을 행(row)이라고 할 때, 열에는 80자, 행에는 25자의 글자를 표시할 수 있습니다.

$$80 \times 25 = 2{,}000자$$

즉, 화면상에 나타낼 수 있는 글자의 총수는 2,000 자입니다. PC텍스트 화면의 열과 행을 그림으로 나타내면 다음과 같습니다.

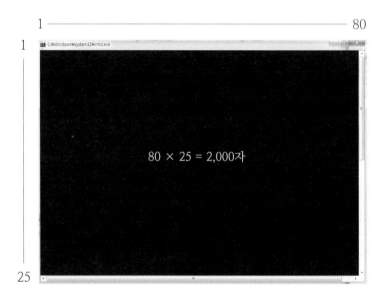

알아두기

X축을 나타내는 열(Column)은 80자 넘어갈 경우 다음 행으로 넘어가서 나타나며, Y축을 나타내는 행(row)은 26번째 행부터는 스크롤 바를 사용하여 내가 나타낸 문자를 확인할 수 있습니다.

➜ printf( )의 정의

- ( )속의 형식에 맞추어 내용을 화면에 표시합니다.

➜ printf( )의 형식

- printf("%xd", a) ⟵⟶ 정수를 표현하는 %d
  공백을 포함한 x글자로 표시합니다.
- printf("%0xd", a) ⟵⟶ 0을 사용하여 x글자로 표시합니다.
- printf("%x.yf", a) ⟵⟶ 실수를 표현하는 %f
  소수점 전 x글자 후 y글자로 표시합니다.
- printf("%xs", a) ⟵⟶ 문자열을 나타내는 %s
  전체를 x글자로 표시합니다.

- printf("₩n") ⟵⟶ 행바꿈 동작을 나타냅니다.
- printf("₩t") ⟵⟶ 탭 동작을 나타냅니다.
- printf("₩0") ⟵⟶ 널(NULL) 문자를 나타냅니다.
- printf("₩b") ⟵⟶ 백스페이스 동작을 나타냅니다.
- printf("₩r") ⟵⟶ 복귀 동작을 나타냅니다.

쏙(SOC)

```
#include <stdio.h>

◆main()
 · int a = 123;        ※정수형 변수 선언 및 초기화
 · int b = 45;
 · int c = 6789;
 · float x = 12.3;     ※실수형 변수 선언 및 초기화
 · float y = 4.56;
 · float z = 78.900;
 □숫자형 변수값의 출력 처리를 한다.

         □정수형 변수값을 출력한다.

                · printf("정수 변수의 값₩n");
                · printf("%5d₩n", a);
                · printf("%2d₩n", b);
                · printf("%15d₩n", c);
                · printf("₩n");

         □실수형 변수값을 출력한다.

                · printf("실수 변수의 값₩n");
                · printf("%3.3f₩t%2.2f₩t%2.1f₩n",x,y,z);
                · printf("₩n");
```

➊ printf( )의 형식의 예

```c
#include <stdio.h>

main() {
    int a = 123;      // 정수형 변수 선언 및 초기화
    int b = 45;
    int c = 6789;
    float x = 12.3;    // 실수형 변수 선언 및 초기화
    float y = 4.56;
    float z = 78.900;

    //.숫자형 변수값의 출력 처리를 한다.
    {

        //.정수형 변수값을 출력한다.
        {
            printf("정수 변수의 값\n");
            printf("%5d\n", a);
            printf("%2d\n", b);
            printf("%15d\n", c);
            printf("\n");
        }

        //.실수형 변수값을 출력한다.
        {
            printf("실수 변수의 값\n");
            printf("%3.3f\t%2.2f\t%2.1f\n",x,y,z);
            printf("\n");
        }
    }
}
```

▶ 실행 결과

```
C:\Windows\system32\cmd.exe
정수 변수의 값
  123
45
           6789

실수 변수의 값
12.300  4.56    78.9

계속하려면 아무 키나 누르십시오 . . .
```

2.2.2 서식에 맞춰 키보드 입력받는 표준 scanf_s( ) 함수

scanf_s( ) 함수란 프로그램이 사용되는 도중에 사용자로 하여금 변수 속으로 어떤 값을 입력하도록 하는 명령입니다. scanf_s( ) 함수에 대하여 자세히 알아보면 다음과 같습니다.

➡ scanf_s( )의 정의

- ( )속의 형식에 맞추어 키보드로 입력 받은 데이터를 지정한 서식으로 변환하여 변수나 배열에 저장하는 명령입니다.

➡ scsnf_s( )의 형식

- scanf_s("서식", &변수, 사이즈)

  서식은 큰따옴표(" ")를   변수 앞에는 &를 붙여
  사용합니다.   사용합니다.

  - 서식 : 입력 데이터의 서식을 지정합니다.
  - 변수 : 데이터가 저장될 곳의 주소입니다.
  - 사이즈 : 변수 입력 사이즈입니다.
    (이전에는 scanf() 형식으로 작성하다가, 키보드 버퍼를 넘치게 하여 공격하는 버퍼 오버플로우(Buffer Overflow) 보안 취약점을 발견하여, 보안 강화를 위해 사이즈 입력을 추가하였습니다.)

쏙(SOC)

```
#include <stdio.h>

◆main()
 ┌ · int x;
 │ · int y;
 │ □두 수의 입력처리를 한다.
 │   ┌ □두 수를 입력받는다.
 │   │  ┌ · printf("첫번째 수 입력: ");
 │   │  │ · scanf_s("%d", &x, 3);
 │   │  │ · printf("두번째 수 입력: ");
 │   │  │ · scanf_s("%d", &y, 3);
 │   │  □입력받은 두 수를 처리한다.
 │   │     ┌ · printf("두 수의 더하기: %d\n", x+y);
 │   │     │ · printf("두 수의 빼기: %d\n", x-y);
 │   │     │ · printf("두 수의 곱하기: %d\n", x*y);
 ①      ②      ③
```

02
C언어 속
들여다 보기

```
①    ②    ③
│    │    │ · printf("두 수의 나누기: %d₩n", x/y);
│    │    │
│    │    │
│    │    │
│
```

→ scanf_s( ) 형식의 예

```
#include 〈stdio.h〉

main() {
  int x;
  int y;

  //.두 수의 입력처리를 한다.
  {

    //.두 수를 입력받는다.
    {
      printf("첫 번째 수 입력: ");

      scanf_s("%d", &x, 3);
      printf("두 번째 수 입력: ");
      scanf_s("%d", &y, 3);
    }

    //.입력받은 두 수를 처리한다.
    {
      printf("두 수의 더하기: %d₩n", x+y);
      printf("두 수의 빼기: %d₩n", x-y);
      printf("두 수의 곱하기: %d₩n", x*y);
      printf("두 수의 나누기: %d₩n", x/y);
    }
  }
}
```

▶ 실행 결과

```
C:\Windows\system32\cmd.exe
첫번째 수 입력: 10
두번째 수 입력: 2
두 수의 더하기: 12
두 수의 빼기: 8
두 수의 곱하기: 20
두 수의 나누기: 5
계속하려면 아무 키나 누르십시오 . . .
```

 알아두기

참고로 printf 서식을 숫자를 사용하여 지정해 주는 방법은 다음과 같습니다.

```
printf("%5d", 33);        ◀──── 10진수 5자리에 맞춰 우측 맞춤 출력
printf("%-5d", 33);       ◀──── 10진수 5자리에 맞춰 좌측 맞춤 울력
printf("%3f", 8.32145);   ◀──── 소숫점 이하 3자리까지로 반올림 출력
printf("%5.2f", 2.3564);  ◀──── 전체 5자리 소숫점 이하 2자리로 출력
printf("%8.2s", "test");  ◀──── 전체 8자리에서 2자리만 우측 맞춤 출력
```

또한, 많이 쓰는 scanf_s 서식을 지정해 주는 방법은 다음과 같습니다.

```
int d;
char let;
char str1[10]="";

scanf_s("%d", &num);              ◀──── 10진수 정수를 입력받음
scanf_s("%c", &let, 1);           ◀──── 문자 1개를 입력받음
scanf_s("%s", 8str1, sizeof(str1)); ◀──── 문자열을 입력받음
```

 참고사항

fflush(stdin);

키보드에서 2회 이상 입력을 받을 때는 먼저 입력받은 scanf_s 문의 바로 뒤에
위의 문장을 써줘서 키보드 입력 버퍼에 남은 문자를 제거해 주어야 합니다.

2.3 C언어가 행하는 3가지 기본 연산

컴퓨터가 일반 계산기와 다른 점은 숫자계산을 행하는 산술 연산은 물론 어떠한 명제에 대하여 참, 거짓을 판단하는 논리 연산도 수행할 수 있다는 점입니다.

컴퓨터가 행하는 연산은 크게 3가지가 있습니다.

구 분	설 명
산술 연산(Arithmetic Operation)	숫자 계산을 행합니다.
관계 연산(Relational Operation)	크고 작음을 비교합니다.
논리 연산(Logical Operation)	참, 거짓을 판단합니다.

2.3.1 계산의 기본 산술 연산

모든 연산은 산술 연산이 기본이며, 컴퓨터에서 행해지는 산술 연산에는 기본적으로 덧셈(+), 뺄셈(−), 곱셈(*), 나눗셈(/) 등이 있습니다.

부가적으로 나머지를 처리하기 위한 나머지처리(%), 숫자를 대입하는 대입(=) 기능 등이 있습니다.

가. 산술 연산에 사용되는 연산자

연산자	기 능	사용법
+	더하기	a = b + c
−	빼기	a = b − c
*	곱하기	a = b * c
/	나누기	a = b / c
%	나머지	a = b % c
=	대입	a = b

예 제

a를 25, b를 3으로 하여 덧셈(+), 뺄셈(−), 곱셈(*), 나눗셈(/), 나머지(%)를 구하여 출력하는 프로그램을 작성해 보세요.

쏙(SOC)

```
#include <stdio.h>

◆main()
· int a = 25;  ※정수형 변수 선언 및 초기화
· int b = 3;
□산술연산 처리를 한다.
        · printf("a + b = %d \n", a+b);
        · printf("a - b = %d \n", a-b);
        · printf("a * b = %d \n", a*b);
        · printf("a / b = %d \n", a/b);
        · printf("a/b의 나머지 = %d \n", a%b);
```

프로그램

```
#include <stdio.h>

main() {
   int a = 25;  // 정수형 변수 선언 및 초기화
   int b = 3;

   //.산술 연산 처리를 한다.
   {
     printf("a + b = %d \n", a+b);
     printf("a - b = %d \n", a-b);
     printf("a * b = %d \n", a*b);
     printf("a / b = %d \n", a/b);
     printf("a/b의 나머지 = %d \n", a%b);
   }
}
```

▶ 실행 결과

```
C:\Windows\system32\cmd.exe

a + b = 28
a - b = 22
a * b = 75
a / b = 8
a/b의 나머지 = 1
계속하려면 아무 키나 누르십시오 . . . ▮
```

나. 대입기능에 사용되는 대입연산자

변수에 값을 대입하는 연산자는 다음과 같습니다.

연산자	사용법	설 명
+=	a += b	a + b 값을 a에 대입 (a = a+ b)
-=	a -= b	a - b 값을 a에 대입 (a = a - b)
*=	a *= b	a * b 값을 a에 대입 (a = a * b)
/=	a /= b	a / b 값을 a에 대입 (a = a / b)
%=	a %= b	a % b 값을 a에 대입 (a = a % b)

예 제

초기값을 a는 50, b는 10으로 선언하고, 대입연산자를 사용하여 출력하는 프로그램을 작성해 보세요.

쑥(SOC)

```
#include <stdio.h>

◆main()

· int a = 50;      ※정수형 변수 선언 및 초기화
· int b = 10;
□대입연산 처리를 한다.

    · printf("a += b 는 %d ₩n", a += b);
    · printf("a -= b 는 %d ₩n", a -= b);
    · printf("a *= b 는 %d ₩n", a *= b);
    · printf("a /= b 는 %d ₩n", a /= b);
    · printf("a %%= b 는 %d ₩n", a %= b);
```

```
#include 〈stdio.h〉

main() {
    int a = 50;      // 정수형 변수 선언 및 초기화
    int b = 10;

    //.대입연산 처리를 한다.
    {
        printf("a += b 는 %d ₩n", a += b);
        printf("a -= b 는 %d ₩n", a -= b);
        printf("a *= b 는 %d ₩n", a *= b);
        printf("a /= b 는 %d ₩n", a /= b);
        printf("a %%= b 는 %d ₩n", a %= b);
    }
}
```

▶ 실행 결과

```
C:₩Windows₩system32₩cmd.exe

a += b 는 60
a -= b 는 50
a *= b 는 500
a /= b 는 50
a %= b 는 0
계속하려면 아무 키나 누르십시오 . . .
```

다. 증가 연산자(++) · 감소 연산자(--)

증가 연산자, 감소 연산자는 정수형 변수의 값을 1 씩 증가시키거나 감소시키는 역할을 합니다.

연산자	명칭	기능	사용법
++	증가 연산자	변수의 값을 1 증가	a++ , ++a
--	감소 연산자	변수의 값을 1 감소	a--, --a

55

a++와 ++a 의 차이점은 아래와 같습니다.

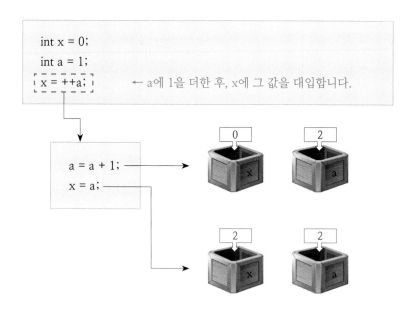

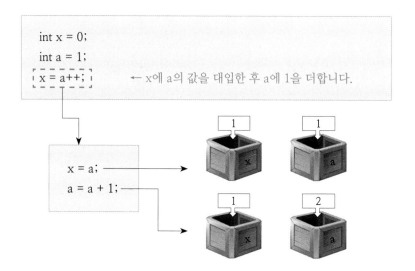

예제

윤후 엄마는 오렌지를 한 상자 사서 반 친구들에게 균등하게 나눠주었습니다. 한 학급 35명에게 각각 12개씩 나눠주었다면 총 몇 개를 나눠주었는지 계산해내는 프로그램을 작성하세요.

쏙(SOC)

```
#include <stdio.h>

◆main()
  · int studentNum = 35;      ※학생수
  · int orangeNum = 12;       ※한 학생당 나눠준 오렌지 개수
  · int totalNum = 0;         ※총 오렌지 개수
  □학생들에게 배분할 총 오렌지 개수 연산처리를 한다.

      □총 오렌지 개수(학생수x오렌지 개수)를 구한다.

          · totalNum = studentNum * orangeNum;

      □학생들에게 배분할 총 오렌지 개수를 출력한다.

          · printf("총 개수는 %d개입니다!₩n", totalNum);
```

프로그램

```
#include <stdio.h>

main() {
   int studentNum = 35;     // 학생수
   int orangeNum = 12;      // 한 학생당 나눠준 오렌지 개수
   int totalNum = 0;        // 총 오렌지 개수

   //.학생들에게 배분할 총 오렌지 개수 연산처리를 한다.
   {

      //.총 오렌지 개수(학생수x오렌지 개수)를 구한다.
      {
         totalNum = studentNum * orangeNum;
```

```
        }

    //.학생들에게 배분할 총 오렌지 개수를 출력한다.
        {
            printf("총 개수는 %d개입니다!\n", totalNum);
        }
    }
}
```

▶ 실행 결과

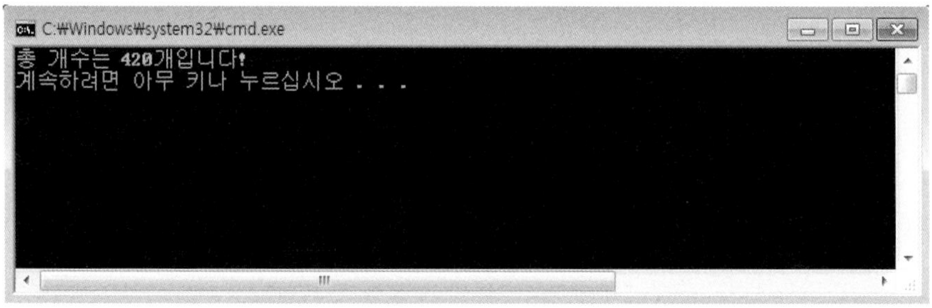

```
C:\Windows\system32\cmd.exe
총 개수는 420개입니다!
계속하려면 아무 키나 누르십시오 . . .
```

📖 알아두기

산술 연산 순위

- 여러 가지의 산술 연산을 복합적으로 행해야 하는 경우에 덧셈(+)과 뺄셈(−)보다 곱셈(*)과 나눗셈(/)이 우선 순위를 가집니다.
- 괄호가 있는 경우에는 괄호 속의 연산을 먼저 수행합니다.
- 연산 순서가 같은 경우 왼쪽을 오른쪽보다 먼저 연산합니다.
- 괄호가 많을 경우에는 가장 안 쪽의 괄호 속을 먼저 연산합니다.

우선순위	설 명 (연산자)
1순위	괄호 안의 식 ( )
2순위	곱셈(*), 나눗셈(/)
3순위	나머지 처리(%)
4순위	덧셈(+), 뺄셈(−)

2.3.2 세력을 비교하는 관계 연산

상어는 자기의 키와 상대의 키를 비교해 본 뒤, 자기 키가 더 작으면 상대에게 공격을 가하지 않는다고 합니다. 이처럼, 자기와 상대와의 세력 관계를 비교하여 그 후에 행할 행동을 결정짓는 것이 관계연산(relational operation)입니다.

이러한 관계연산을 행하는 연산자를 우리는 관계연산자(relational operator)라고 부릅니다. 관계연산자에는 6가지 종류가 있습니다.

관계연산자 A:B	뜻 A:B	사용 예	수학적 의미
〈	A가 B보다 작다	A 〈 B	〈
〈=	A가 B보다 작거나 같다	A 〈= B	≦
=	A와 B가 같다	A = B	=
〉=	A가 B보다 크거나 같다	A 〉= B	≧
〉	A가 B보다 크다	A 〉 B	〉
!=	A와 B가 다르다	A != B	≠

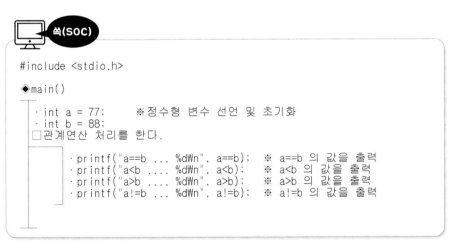

```
#include <stdio.h>

◆main()
   · int a = 77;      ※정수형 변수 선언 및 초기화
   · int b = 88;
   □관계연산 처리를 한다.
         · printf("a==b ... %d₩n", a==b);  ※ a==b 의 값을 출력
         · printf("a<b .... %d₩n", a<b);   ※ a<b 의 값을 출력
         · printf("a>b .... %d₩n", a>b);   ※ a>b 의 값을 출력
         · printf("a!=b ... %d₩n", a!=b);  ※ a!=b 의 값을 출력
```

프로그램

```
#include <stdio.h>

main() {
```

```
    int a = 77;      // 정수형 변수 선언 및 초기화
    int b = 88;

    //.관계연산 처리를 한다.
    {
        printf("a==b ... %d\n", a==b);   //  a==b 의 값을 출력
        printf("a<b .... %d\n", a<b);    //  a<b 의 값을 출력
        printf("a>b ... %d\n", a>b);     //  a>b 의 값을 출력
        printf("a!=b ... %d\n", a!=b);   //  a!=b 의 값을 출력
    }
}
```

▶ 실행 결과

알아두기

　대입식이나 조건식에서는 조건이 성립하는 경우를 참(true), 조건이 성립하지 않는 경우를 거짓(false) 이라고 하며, 비교 결과 참일 경우는 1의 값을, 거짓일 경우는 0의 값을 되돌리도록 정의하고 있습니다.

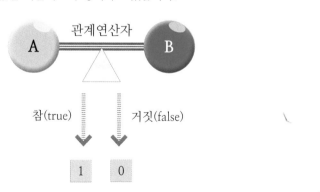

2.3.3 참과 거짓을 판단하는 논리 연산

논리란 어떤 사실이 참인지 거짓인지를 인식하기 위한 사고작용을 밟는 과정을 말합니다.

예를 들어 "남극지방에 산다. 그리고(AND) 신사라고 불린다. 이러한 동물의 이름은?" 이렇게 물어 보았을 때, 누구라도 "펭귄!" 이라고 대답할 것입니다. 요즘은 삼단논법에 의한 추리가 가능한 인공지능(AI: Artificial Intelligence) 시스템의 개발이 한창입니다. 머신 러닝(Machine Learning)이나 딥 러닝(Deep Learning)이라는 개념도 이러한 추론을 바탕으로 합니다. C에서도 논리 연산을 이용하면 제한적이지만 추론을 수행할 수 있습니다.

논리 연산자에는 다음의 세 종류가 있습니다.

연산자	기능	사용법	의미
&&	그리고	(a>10)&&(a<20)	a는 10보다 크고 20보다 작으면
||	또는	(a==10)||(a==20)	a는 10 또는 20이면
!	~가 아니면	!(a==10)	a는 10이 아니다.

🖥️ 쏙(SOC)

```
#include <stdio.h>

◆main()

  · int a = 5;    ※정수형 변수 선언 및 초기화
  □논리연산 처리를 한다.

       · printf("(a>10)&&(a<20) .... %d\n", (a>10)&&(a<20));
       · printf("(a==10)||(a==20)... %d\n", (a==10)||(a==20));
       · printf("!(a==10) .......... %d\n", !(a==10));
```

🖥️ 프로그램

```
#include <stdio.h>

main() {
  int a = 5;    // 정수형 변수 선언 및 초기화

  //.논리 연산 처리를 한다.
  {
    printf("(a>10)&&(a<20) .... %d\n", (a>10)&&(a<20));
```

```
        printf("(a==10)||(a==20)... %d\n", (a==10)||(a==20));
        printf("!(a==10) ......... %d\n", !(a==10));
    }
}
```

▶ 실행 결과

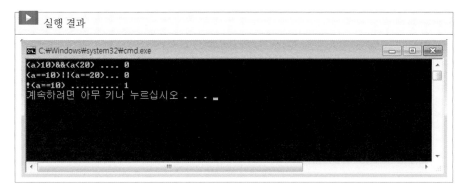

알아두기

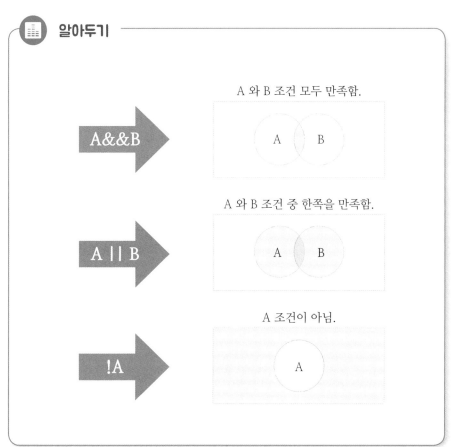

A 와 B 조건 모두 만족함.

A&&B

A 와 B 조건 중 한쪽을 만족함.

A || B

A 조건이 아님.

!A

예제

정은이는 삼각형의 종류와 성질에 대해서 배우면서 삼각형의 성질에 따라 삼각형
의 종류를 구분해 내는 프로그램을 만들고자 합니다. 내각의 합이 180도인 삼각형
을 인식하여 어떤 종류의 삼각형인지 알아내는 프로그램을 작성하세요.
(수학개념 : 삼각형의 종류와 성질)

쏙(SOC)

```
#include <stdio.h>

◆main()
 · int interiorAngleTotal = 0;      ※정수형 변수 선언 및 초기화
 · int a = 35;
 · int b = 40;
 · int c = 105;
□삼각형의 종류를 알아낸다.

      □내각의 합을 구한다.

            · interiorAngleTotal = a + b + c;

      △내각의 합이 180도인 경우에만 삼각형의 종류를 알아낸다.
       ◇(interiorAngleTotal==180)
     T △세 내각을 비교하여 삼각형의 종류를 알아낸다.
          ◇(a==b && b==c && c==a)
          T · printf("정삼각형입니다!\n");
          ◇(a==b || b==c || c==a)
          T · printf("이등변삼각형입니다!\n");
          ◇(a!=b && b!=c && c!=a)
          T · printf("부등변삼각형입니다!\n");
       △90도를 기준으로 내각을 비교하여 삼각형의 종류를 알아낸다.
          ◇(a==90 || b==90 || c==90)
          T · printf("직각삼각형입니다!\n");
          ◇(a<90 && b<90 && c<90)
          T · printf("예각삼각형입니다!\n");
          ◇(a>90 || b>90 || c>90)
          T · printf("둔각삼각형입니다!\n");
    ①      ②      ③
```

```
  ①    ②    ③
  │    │  ┌─┐
  │    │  ◇
  │  ┌─┤ │ · printf("삼각형이 아닙니다!Wn");
  │  │ T
  │  └─┘
  │
```

프로그램

```c
#include <stdio.h>

main() {
  int interiorAngleTotal = 0;      // 정수형 변수 선언 및 초기화
  int a = 35;
  int b = 40;
  int c = 105;

  //.삼각형의 종류를 알아낸다.
  {

    //.내각의 합을 구한다.
    {
      interiorAngleTotal = a + b + c;
    }

    //.내각의 합이 180도인 경우에만 삼각형의 종류를 알아낸다.
    if (interiorAngleTotal==180) {

      //.세 내각을 비교하여 삼각형의 종류를 알아낸다.
      if (a==b && b==c && c==a) {
        printf("정삼각형입니다!Wn");
      }
      else if (a==b || b==c || c==a) {
        printf("이등변삼각형입니다!Wn");
      }
      else if (a!=b && b!=c && c!=a) {
        printf("부등변삼각형입니다!Wn");
      }

      //.90도를 기준으로 내각을 비교하여 삼각형의 종류를 알아낸다.
      if (a==90 || b==90 || c==90) {
```

64

02
C언어흐름

```
            printf("직각삼각형입니다!\n");
        }
        else if (a<90 && b<90 && c<90) {
            printf("예각삼각형입니다!\n");
        }
        else if (a>90 || b>90 || c>90) {
            printf("둔각삼각형입니다!\n");
        }
    }
    else {
        printf("삼각형이 아닙니다!\n");
    }
  }
}
```

02
C언어 문법
들여다 보기

▶ 실행 결과

C:\Windows\system32\cmd.exe
부등변삼각형입니다!
둔각삼각형입니다!
계속하려면 아무 키나 누르십시오 . . .

2.3.4 C언어에서 진수를 다루는 방법

우리들이 사용하는 수의 표현법은 10진수 표현법입니다. 그러나 컴퓨터의 세계는 0과 1로
나타내는 2진수를 사용합니다. 지금부터 2진수, 10진수, 16진수에 대해 알아보겠습니다.

진 수	설 명	표현법
2진수	컴퓨터 내부의 가장 기본적인 표현법입니다.	0과 1로 나타냅니다.
10진수	우리가 일반적으로 사용하는 표기법입니다.	0에서 9까지의 숫자를 사용하여 나타냅니다.
16진수	16마다 단위가 올라가는 표기법입니다.	0에서 9까지의 숫자와 9뒤에는 A~F의 문자를 사용하여 나타냅니다.

2진수와 16진수에서는 10(십)이 아니라 "일공"이라고 읽으며, 2진수, 10진수, 16진수 사이의 관계는 아래와 같습니다.

2진수	10진수	16진수
0000	0	0
0001 자리올림	1	1
0010	2	2
0011 자리올림	3	3
0100	4	4
0101	5	5
0110	6	6
0111 자리올림	7	7
1000	8	8
1001	9 자리올림	9
1010	10	a
1011	11	b
1100	12	c
1101	13	d
1110	14	e
1111 자리올림	15	f 자리올림
10000	16	10

⊙ C언어에서 16진수 표기법

- a = 0x숫자 ←———— 숫자앞에 0x를 붙입니다.
- printf("%x", a) ←———— 16진수로 수치를 출력합다.
- printf("%X", a) ←———— 대문자 "%X"의 경우 16진수의 A~F가 대문자로 출력됩니다.

쏙(SOC)

```
#include <stdio.h>

◆main()
 ┌ ·int a = 11;   ※ 정수형 변수 a에 10진수 11을 대입
 │  ·int b = 0x15; ※ 정수형 변수 b에 16진수 0x15를 대입
 │ □정수를 10진수와 16진수로 나타낸다.
 │    ┌ ·printf("10진수 %d는 16진수로 %x입니다.\n", a, a);
 │    │ ·printf("10진수 %d는 16진수로 %X입니다.\n", a, a);
 │    └ ·printf("16진수 %x는 10진수로 %d입니다.\n", b, b);
 └
```

C언어에서 16진수 표기 예

```
#include <stdio.h>

main() {
  int a = 11;    // 정수형 변수 a에 10진수 11을 대입
  int b = 0x15;  // 정수형 변수 b에 16진수 0x15를 대입

  //.정수를 10진수와 16진수로 나타낸다.
  {
    printf("10진수 %d는 16진수로 %x입니다.\n", a, a);
    printf("10진수 %d는 16진수로 %X입니다.\n", a, a);
    printf("16진수 %x는 10진수로 %d입니다.\n", b, b);
  }
}
```

▶ 실행 결과

```
C:\Windows\system32\cmd.exe
10진수 11는 16진수로 b입니다.
10진수 11는 16진수로 B입니다.
16진수 15는 10진수로 21입니다.
계속하려면 아무 키나 누르십시오 . . .
```

2.4 데이터의 크기를 아는 sizeof 연산자

컴퓨터 세계에서 취급하는 데이터의 단위는 비트와 바이트입니다.

 ### 2.4.1 정보의 최소 단위 비트(Bit)

컴퓨터 내부에서 다루는 정보의 전기적인 상태는 On(1)과 Off(0)로 나타낼 수 있으며, 1과 0의 값을 가지는 정보의 최소 단위 비트(Bit)는 아래와 같습니다.

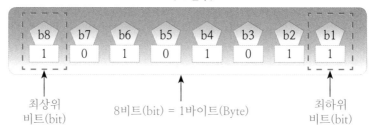

어떤 특정 바이트 내에서 최상위 비트를 MSB(Most Significant Bit)라고 하고, 최하위 비트를 LSB(Least Significant Bit)라고 합니다. 그 이유는 최상위 비트쪽으로 자리수가 올라갈수록 비트 하나의 조작으로도 값의 크기가 크게 달라지기 때문입니다. MSB를 최대 유효 비트, LSB를 최소 유효 비트라고도 부릅니다.

 ### 2.4.2 하나의 문자를 나타내는 바이트 단위

1 바이트(Byte)로 2^8(=258)가지 정보를 나타낼 수 있습니다.
바이트(Byte)는 2^{10}(=1024)마다 아래의 표와 같이 단위가 올라갑니다.

단 위	설 명
KB(킬로바이트)	1 KB(킬로바이트) = 1024 Byte(바이트)
MB(메가바이트)	1 MB(메가바이트) = 1024 KB(킬로바이트)
GB(기가바이트)	1 GB(기가바이트) = 1024 MB(메가바이트)
TB(테라바이트)	1 TB(테라바이트) = 1024 GB(기가바이트)

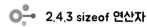 **2.4.3 sizeof 연산자**

sizeof 연산자는 변수나 자료형이 점유하는 메모리의 크기를 바이트 단위로 구할 때 쓰입니다.

> ➡ sizeof( ) 정의
>
> • 괄호안의 내용이 메모리를 몇 바이트 점유하는지 알고싶을 때 사용합니다.

> ➡ sizeof( ) 형식
>
> • sizeof(n); · ⟵⟶ n형의 바이트 수(=1)로 표시합니다.
> • sizeof(shot); · ⟵⟶ shot형의 바이트 수(=2)로 표시합니다.
> • sizeof(long); · ⟵⟶ long형의 바이트 수(=4)로 표시합니다.

쏙(SOC)

```
#include <stdio.h>

◆main()
 ┌ ·char a = 1;                    ※문자형 변수 선언 및 초기화
 │ ·char greeting[15] = "Hello c !"; ※문자형 배열변수 선언 및 초기화
 └□sizeof 연산자로 데이터 유형별 메모리 점유 크기를 구한다.
        ┌ ·printf("char형  변수 = %d바이트 \n", sizeof(a));
        │ ·printf("short형 변수 = %d바이트 \n", sizeof(short));
        │ ·printf("long형  변수 = %d바이트 \n", sizeof(long));
        │ ·printf("문자열  변수 = %d바이트 \n", sizeof(greeting));
        └ ·printf("\n");
```

> ➡ sizeof( ) 형식의 예
>
> #include ⟨stdio.h⟩
>
> main() {
>   char a = 1;   // 문자형 변수 선언 및 초기화
>   char greeting[15] = "Hello c !"; // 문자형 배열변수 선언 및 초기화

```
//.sizeof 연산자로 데이터 유형별 메모리 점유 크기를 구한다.
{
    printf("char형  변수 = %d바이트 \n", sizeof(a));
    printf("short형 변수 = %d바이트 \n", sizeof(short));
    printf("long형  변수 = %d바이트 \n", sizeof(long));
    printf("문자열  변수 = %d바이트 \n", sizeof(greeting));
    printf("\n");
}
}
```

▶ 실행 결과

```
C:\Windows\system32\cmd.exe                              _  □  ×
char형  변수 = 1바이트
short형 변수 = 2바이트
long형  변수 = 4바이트
문자열  변수 = 15바이트

계속하려면 아무 키나 누르십시오 . . . ■
```

2.5 연산자 사용에는 우선 순위가 있다!

2.5.1 연산의 우선순위

찬물도 위아래가 있다는 말은 '무슨 일에는 순서가 있다'는 뜻입니다. 우리는 사람의 위 아래 순위를 정할 때 나이, 학번, 직급, 체력 성적 등 다양한 기준을 적용합니다.

C언어에서도 연산처리의 우선순위를 따져야 하는 경우가 있습니다. 다만 C언어에서는 사람의 경우와 달리 연산의 우선순위의 기준이 경우에 따라 다양하지 않고 일원적입니다.

연산 우선순위	연산자
1	전치 ++, 전치 --
2	후치 ++, 후치 ++, !, +(부호), -(부호), ~, !
3	new, 캐스트 연산자
4	*, /, %
5	+, -
6	<<, >>,
7	<, >, >=, <=
8	==, !=
9	&&
10			

전치(前置)란 ++a 처럼 변수 앞에 붙는 것이며, 후치란 a++처럼 변수 뒤에 붙는 것을 의미합니다.

양수 또는 음수임을 의미합니다.

쏙(SOC)

```
#include <stdio.h>

◆main()

 · int a = 0;        ※정수형 변수 선언 및 초기화
 · int b = 6;
 · int c = 3;
 · int d = 2;
 · int e = 2;
 · int f = 3;
 · int g = 3;
 □연산의 우선순위에 따라 처리한다.

      · a = b + ++c * d - e * f / g; ※우선순위별 연산처리
      · printf("a = %dWn", a);        ※연산결과 출력
```

프로그램

```c
#include <stdio.h>

main() {
  int a = 0;      // 정수형 변수 선언 및 초기화
  int b = 6;
  int c = 3;
  int d = 2;
  int e = 2;
  int f = 3;
  int g = 3;

  //.연산의 우선순위에 따라 처리한다.
  {
    a = b + ++c * d - e * f / g;  // 우선순위별 연산처리
    printf("a = %d\n", a);          // 연산결과 출력
  }
}
```

▶ 실행 결과

```
C:\Windows\system32\cmd.exe

a = 12
계속하려면 아무 키나 누르십시오 . . .
```

알아두기

$a = b + ++c * d - e * f / g;$

위의 식의 처리 과정을 연산처리의 우선순위에 따라 나타내면 다음과 같습니다.

$c = c + 1;$	← ++c 의 결과 c = 4
$c = c * d;$	← c = 8
$e = e * f;$	← e = 6
$e = e / g;$	← e = 2
$a = b + c - e;$	← a = 12

참고하기

캐스트 연산자(cast operator)는 어떤 변수의 형(type)을 일시적으로 다른 형(type)으로 바꿔서 사용하고자 할 때 쓰입니다.

int a = 10; ←── int형으로 변수 a를 선언합니다.
float b = (float) a; ←── 변수 a를 float형으로 바꿉니다.

캐스트 연산자

○•→ **응용과제**

○•→ 과제 2.1   상수(Constant)와 변수(Variable)의 차이를 세부적으로 조사해 보세요.

○•→ 과제 2.2   상수와 변수를 선언할 때 이름을 부여하는 방법에 대해서 사례를 들어서 조사
하여 원칙을 정리해 보세요.

○•→ 과제 2.3   산술 연산, 관계 연산, 논리 연산의 개념을 CPU(Central Processing Unit)의
기능과 연관하여 설명이 가능하도록 조사하여 정리해 보세요.

○•→ 과제 2.4   표준 입출력 헤더 파일을 include하여 키보드로부터의 입력 및 연산 처리결과
를 출력하는 쏙(SOC: Structured Object Component) 설계 사례를 실생활의
문제해결 과정과 연관지어 작성하고 C언어 소스 코드로 변환해 보세요.

○•→ 과제 2.5   설계와 코딩을 융합하는 새틀(SETL)의 기능과 관련한 순공학(Forward
Engineering), 역공학(Reverse Engineering) 및 재구조화(Restructuring) 기
술을 소프트웨어 재공학(Software Reengineering) 기술과 연관지어 조사해
보세요.

03

C언어 제어구조의 모든 것

3.1 if 문과 switch 문을 이용한 갈래 처리

우리는 출근길에 교통편을 선택해야 하고, 점심 시간에 점심메뉴를 선택해야 합니다. 이처럼 하루에도 여러 번의 선택을 하며 살아갑니다.

컴퓨터 세계에서도 조건(condition)에 따른 선택을 해야 하는 경우가 많습니다. 이러한 경우에 우리는 if, if~else, switch 등의 제어구조를 이용한 갈래 처리를 행합니다.

3.1.1 한갈래 선택을 위한 if 문

if 문이란 글자 그대로 '만약 ~ 면'의 뜻으로 조건을 검사하여 진실여부에 따라 수행을 달리 하는 갈래(선택) 처리를 위한 제어구조를 형성하는 문입니다.

➡ if 문의 정의 ────────────

- 조건을 검사하여 진실여부에 따라 수행을 달리 합니다.
- 조건(x)이 참(true)이면(만족되면) y 명령을 실행합니다.
- 조건이 거짓(false)이면(만족되지 않으면) 다음 행(z)를 실행합니다.
- 순서도 기호　　　　　　　　　　● SOC 설계도

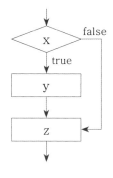 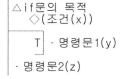

※ 순서도란 우리가 작성할 프로그램의 처리 흐름을 순서에 따라 여러 가지 기호를 사용하여 그림으로 표현한 것입니다.

※ 쏙(SOC: Structured Object Components)이란 구조화된 객체 형태로서 결합·분해 및 추상화 등의 이해가 용이한 설계처리 자동화 지원을 위해 탄생한 부품입니다. 다시 말해서 패턴 부품중심으로 조립 및 분해하여, 개요 설계, 상세 설계 및 코딩을 한꺼번에 융합하는 형태의 수행을 지원해주는 설계코드융합도입니다.

➡ if 문의 형식

• if(조건)　　←————（ ）안에 있는 조건이 참이면 명령문을 실행합니다.
　　명령문

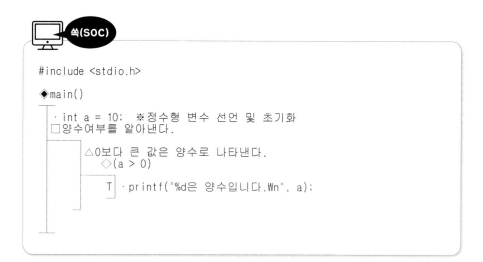

쏙(SOC)

```
#include <stdio.h>
◆main()
    · int a = 10;   ※정수형 변수 선언 및 초기화
    □양수여부를 알아낸다.
            △0보다 큰 값은 양수로 나타낸다.
             ◇(a > 0)
              T  · printf("%d은 양수입니다.Wn", a);
```

➡ if 문의 예

#include 〈stdio.h〉

main() {
　int a = 10;　// 정수형 변수 선언 및 초기화

　//.양수여부를 알아낸다.
　{

　　//.0보다 큰 값은 양수로 나타낸다.
　　if (a > 0) {
　　　printf("%d은 양수입니다.Wn", a);
　　}
　}
}

a라는 정수형 변수에
10을 넣고, 0보다 크면
printf("%d는 양수입니다.Wn",
a); 를 실행합니다.

78

▶ 실행 결과

```
C:\Windows\system32\cmd.exe
10은 양수입니다.
계속하려면 아무 키나 누르십시오 . . .
```

알아두기

● 순서도란 무엇일까요?

어떤 일을 수행하려면 거기에 알맞는 일의 처리 절차 순서가 있습니다.
순서도는 일의 흐름을 나타내기 때문에 흐름도라고도 하며, 쉘리(Shelly)와 케쉬맨(cash man)은 "순서도란 문제를 해결해 나가는 과정을 도형으로 나타내는 연속된 상징 기호도를 의미"한다고 정의했습니다.

● 순서도의 기호

기 호	이 름	사용되는 예
	단말	시작(start), 끝(end)
	처리	j= j +1, s=a+b+c
	의사결정	만약 초록 불이면 길을 건넌다.
→ ↑↓ ←	흐름선	순서도의 흐름의 방향

참고하기

● 순서도 3가지 기본 구조

 – 이음구조(순차구조: 직선형)

 어떠한 일을 순차적으로 이어서 처리하는 논리를 구조적으로 결합한 것을
 말합니다.

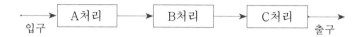

 – 갈래구조(선택구조, if ~ else~ : 분기형)

 조건에 따라 갈라져서 분기 처리하는 것을 말합니다.
 입구에서 판단을 합니다. 예를 들어, 아래의 그림과 같이 판단 결과가 진실
 (true)이면 A처리를, 거짓(false)이면 B처리를 하고 출구로 나갑니다.

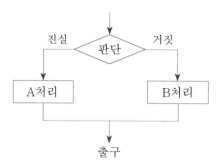

 – 되풀이구조(반복구조: 반복형)

 일단 입구로 들어가면 이 구조를 빠져 나갈만한 조건이 성립되어야만 출
 구로 나갈 수 있고, 그렇지 않으면 계속 이 구조 속에서 루프(loop)를 되
 풀이 하여 도는 구조를 말합니다.

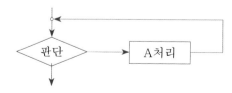

알아두기

● SOC이란 무엇일까요?

비규격적으로 그려진 기능 도형들을 비정형화된 화살표로 연결해 가는 방식인 순서도는 프로그램의 제어구조 인식이 어렵고, 구조화된 알고리즘을 표현하기가 어렵다는 단점을 가지고 있습니다.

그러한 문제점들을 해결하기 위한 방법으로 패턴부품 중심의 새로운 설계와 코딩을 융합한 구조화객체부품인 SOC(Structured Object Components)이 탄생하였습니다.

SOC은 구조화된 객체형태로서 결합·분해 및 추상화 등의 설계처리 자동화를 도모할 수 있도록 만들어진 부품입니다. SOC은 조립식 패턴부품을 사용함으로써 설계구현이 쉽고, 잔디구조 형태로 되어있어 추상화와 구체화를 계열적으로 표현함으로써 완벽한 구조적 설계와 객체지향 설계의 표현이 가능합니다. 아래의 그림에서 이음(순차), 갈래(선택), 되풀이(반복) 제어구조는 정상적인 상황의 처리를 위한 정상계 부품입니다. (SOC과 관련한 상세한 이론적 근거를 포함한 더 자세한 내용은 '새틀(SETL)을 이용한 시각화 SW 설계 자동화 방법론' 서적을 참고하시기 바랍니다.)

● SOC의 제어구조부품

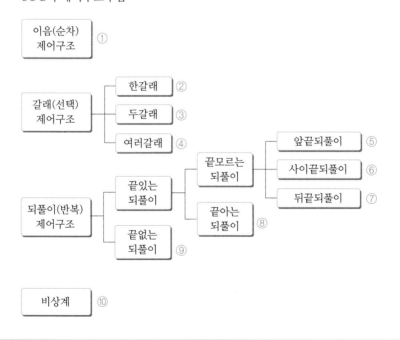

- SOC의 정상계 제어구조 부품

① 이음

□이음구조 목적
· 처리1
· 처리2

② 한갈래

△선택구조 목적
◇(선택조건)
T · 처리

③ 두갈래

△선택구조의 목적
◇(선택조건1)
T · 처리1
◇(선택조건2)
T · 처리2

④ 여러갈래

△선택구조의 목적
◇(선택조건1)
T · 처리1
◇(선택조건2)
T · 처리2
◇(선택조건3)
T · 처리3

⑤ 앞끝되풀이

○되풀이 구조의 목적
T─◇(구조탈출조건 검사)
· 처리

⑥ 사이끝되풀이

○되풀이 구조의 목적
· 처리1
T─◇(구조탈출조건 검사)
· 처리2

⑦ 뒤끝되풀이

○되풀이 구조의 목적
· 처리
T─◇(구조탈출조건 검사)

⑧ 끝없는되풀이

○되풀이 구조의 목적
· 처리1
· 처리n

⑨ 끝아는되풀이

○되풀이 구조의 목적
◇(초기화, 반복조건, 증감값)
· 처리

- SOC의 비상계 제어구조부품

□
▲비상구조의 목적
◇(비상탈출 조건)
T
2─ · 처리

3.1.2 두갈래 선택을 위한 if ~ else 문

if ~ else 문은 다음과 같이 if 내의 조건을 검사하여, 진실여부에 따라 제어의 흐름을 바꾸는 제어구조를 형성하는 문입니다.

➡ if ~ else 문 정의

- 조건을 검사하여 진실여부에 따라 제어의 흐름을 달리 합니다.
- if 문의 ( )안에 있는 조건 x가 참이면 y를 실행한 후 z를 실행합니다.
- 만일 조건 x가 거짓이면 p를 실행한 후 z를 실행합니다.
- 순서도 기호   ● SOC 설계도

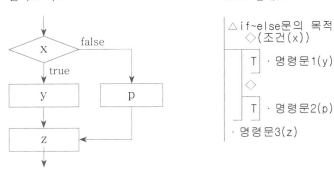

➡ if ~ else 문 형식

- if(조건)

    명령문   ⟵—— ( )안에 있는 조건이 참이면 명령문1을 실행합니다.

  else

    명령문2   ⟵—— ( )안에 있는 조건이 거짓이면 명령문2을 실행합니다.

🖥 쏙(SOC)

```
#include <stdio.h>
◆main( )
  · int a = -10;    ※정수형 변수 선언 및 초기화
  □양수인지 음수인지 식별한다.
        △0을 기준으로 양수인지 음수인지를 식별한다.
  ①      ②
```

① ② ◇(a > 0)

```
┌─┐
│T│ · printf("%d는 양수입니다.\n", a);
└─┘
      ◇
┌─┐
│T│ · printf("%d는 음수입니다.\n", a);
└─┘
```

➔ if ~ else 문 예

```
#include <stdio.h>

main() {
    int a = -10;    // 정수형 변수 선언 및 초기화

    //.양수인지 음수인지 식별한다.
    {

        //.0을 기준으로 양수인지 음수인지를 식별한다.
        if (a > 0) {
            printf("%d는 양수입니다.\n", a);
        }
        else {
            printf("%d는 음수입니다.\n", a);
        }
    }
}
```

a라는 정수변수에
−10을 넣고, 0보다 크면
printf("%d는 양수입니다.
\n", a); 를 실행하고
0보다 크지 않으면
printf("%d는 음수입니다.
\n", a); 를 실행합니다.

▶ 실행 결과

C:\Windows\system32\cmd.exe

```
-10는 음수입니다.
계속하려면 아무 키나 누르십시오 . . .
```

가로변 x와 세로변 y를 키보드로 입력받아 그 수가 양수이면 사각형의 넓이와 둘레를 구하고, 그렇지 않으면 다시 입력받는 프로그램을 작성하세요.(단, 입력받은 수가 999이면 프로그램을 끝내세요.)

쏙(SOC)

```
#include <stdio.h>

◆main()
  · int x;                    ※x변 길이
  · int y;                    ※y변 길이
  · int area = 0;             ※사각형 넓이
  · int circumference = 0;    ※사각형 둘레
  □사각형의 넓이와 둘레를 구한다.
          · printf("가로변의 값을 입력하세요:");
          · scanf_s("%d", &x, 3);
          · printf("세로변의 값을 입력하세요:");
          · scanf_s("%d", &y, 3);
          ○입력된 값에 따라 사각형의 넓이와 둘레를 구한다.
       T─ ◇(x==999 || y==999)
          △입력된 값이 양수일 때 넓이와 둘레를 구한다.
            ◇(x>0 && y>0)
          T │ · area = x * y;
            │ · circumference = 2*x + 2*y;
            │ · printf("넓이= %d\n", area);
            │ · printf("둘레= %d\n", circumference);
          ◇
          T │ · printf("입력 값이 양수가 아닙니다!\n");
            │ · printf("다시 입력해주십시오!\n\n");
          · printf("가로변의 값을 입력하세요:");
          · scanf_s("%d", &x, 3);
          · printf("세로변의 값을 입력하세요:");
          · scanf_s("%d", &y, 3);
```

프로그램

```
#include <stdio.h>

main() {
```

```
int x;                    // x변 길이
int y;                    // y변 길이
int area = 0;             // 사각형 넓이
int circumference = 0;    // 사각형 둘레

//.사각형의 넓이와 둘레를 구한다.
{
    printf("가로변의 값을 입력하세요:");
    scanf_s("%d", &x, 3);
    printf("세로변의 값을 입력하세요:");
    scanf_s("%d", &y, 3);

    //.입력된 값에 따라 사각형의 넓이와 둘레를 구한다.
    while (!(x==999 || y==999)) {

        //.입력된 값이 양수일 때 넓이와 둘레를 구한다.
        if (x>0 && y>0) {
            area = x * y;
            circumference = 2*x + 2*y;
            printf("넓이= %d₩n", area);
            printf("둘레= %d₩n", circumference);
        }
        else {
            printf("입력 값이 양수가 아닙니다!₩n");
            printf("다시 입력해주십시오!₩n₩n");
        }
        printf("가로변의 값을 입력하세요:");
        scanf_s("%d", &x, 3);
        printf("세로변의 값을 입력하세요:");
        scanf_s("%d", &y, 3);
    }
}
}
```

▶ 실행 결과

```
C:₩Windows₩system32₩cmd.exe

가로변의 값을 입력하세요:50
세로변의 값을 입력하세요:20
넓이= 1000
둘레= 140
가로변의 값을 입력하세요:999
세로변의 값을 입력하세요:1
계속하려면 아무 키나 누르십시오 . . .
```

3.1.3 내포적인 갈래 처리를 위한 중첩 if ~ else 문

중첩 if ~ else 문은 중첩된 경로의 조건을 검사하여, 진실여부에 따라 명령을 실행합니다.

이처럼 제어문은 처리 중간에 다른 제어문을 포함할 수 있는데, 이렇게 다른 제어문 속에 들어가 있는 제어문을 사용하는 구조를 내포 구조(Nested Structure)라고 합니다.

➔ 중첩 if ~ else 문 정의

- 중첩된 경로의 조건을 검사하여 진실여부에 따라 제어의 흐름을 달리 합니다.
- if 문의 () 안에 있는 조건 x가 참이고 맨 처음 if문 안에 포함된 if 문의 조건 o가 참이면 q에 이어 z를 실행하고, 조건 o가 거짓이면 p에 이어 z를 실행하며, 조건 x가 거짓이면 y에 이어 z를 실행합니다.
- 순서도 기호

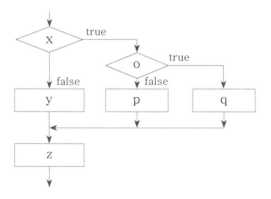

- SOC 설계도

중첩 if ~ else 문 형식

- if(조건1) {
   if(조건2) {
       문장1   ◀── 조건1과 조건2가 모두 참이면 문장1을 실행합니다.
   }
   else {
       문장2   ◀── 조건1이 참이고 조건2가 거짓이면 문장2를 실행합니다.
   }
 }
 else {
   문장3   ◀── 조건1이 거짓이면 문장3을 실행합니다.
 }

쏙(SOC)

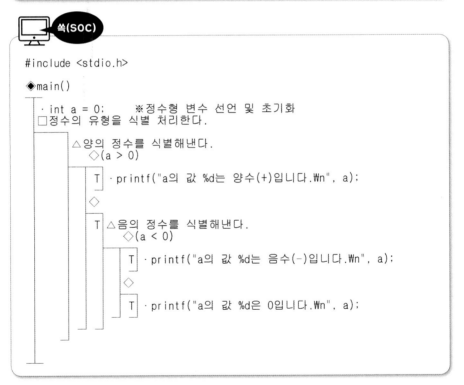

```
#include <stdio.h>
◆main()
 · int a = 0;      ※정수형 변수 선언 및 초기화
 □정수의 유형을 식별 처리한다.
        △양의 정수를 식별해낸다.
          ◇(a > 0)
        T  · printf("a의 값 %d는 양수(+)입니다.\n", a);
        ◇
        T  △음의 정수를 식별해낸다.
             ◇(a < 0)
           T  · printf("a의 값 %d는 음수(-)입니다.\n", a);
           ◇
           T  · printf("a의 값 %d은 0입니다.\n", a);
```

중첩 if ~ else 문 예

```
#include <stdio.h>

main() {
```

```
int a = 0;     // 정수형 변수 선언 및 초기화

//.정수의 유형을 식별 처리한다.
{

  //.양의 정수를 식별해낸다.
  if (a > 0) {
    printf("a의 값 %d는 양수(+)입니다.\n", a);
  }
  else {

    //.음의 정수를 식별해낸다.
    if (a < 0) {
      printf("a의 값 %d는 음수(-)입니다.\n", a);
    }
    else {
      printf("a의 값 %d은 0입니다.\n", a);
    }
  }
}
}
```

a라는 정수변수에 값을 넣고, 0보다 크면 양수를, 0보다 작으면 음수를, 0이면 0을 표시합니다.

▶ 실행 결과

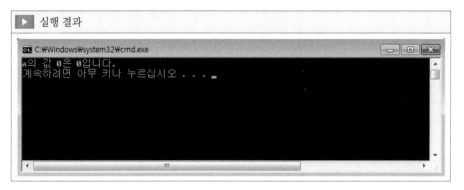

```
a의 값 0은 0입니다.
계속하려면 아무 키나 누르십시오 . . .
```

📖 **알아두기**

● 쏙(SOC)은 어떻게 그릴까요?

쏙(SOC)은 새틀(SETL)이라는 도구로 그릴 수 있습니다. C언어의 설계와 코드를 융합하여 그려주고자 할 때는 SETL_C를 사용하면 됩니다. 그러면, 조립과 분해식으로 SOC을 그려줄 수 있으며, C언어와 설계도 간의 자동 변환을 할 수 있습니다. 자세한 것은 '시각화 설계 자동화도구 새틀(SETL) 시작하기/유홍준 지음/(주)소프트웨어품질기술원 간' 서적을 참고하십시오.

3.1.4 여러갈래 처리를 위한 연속 if 문

연속 if 문은 여러 조건을 검사하여, 그 중 어느 것이 맞는 가에 따라 해당 문장을 실행합니다.

⬤ 연속 if 문 정의

- 여러 조건을 검사하여 진실여부에 따라 제어의 흐름을 달리 합니다.
- if 문의 ( )안에 있는 조건 a가 참이면 p를 실행한 후 z를 실행합니다.
- 만일 수식 b가 참이면 q를 실행한 후 z를 실행합니다.
- 그렇지 않고 만일 수식 s가 참이면 r을 실행한 후 z를 실행합니다.
- 만일 수식 a, b, ..., s가 모두 거짓이면 마지막 else에 있는 y를 실행한 후 z를 실행
  합니다.
- 순서도 기호
  : 실행할 처리는 이중 하나입니다. 상호배제(Mutual Exclusion)의 원칙을 지켜야
    합니다.

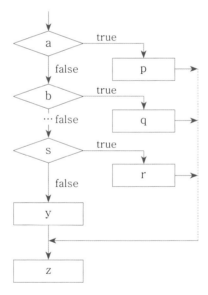

- SOC 설계도

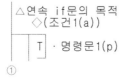

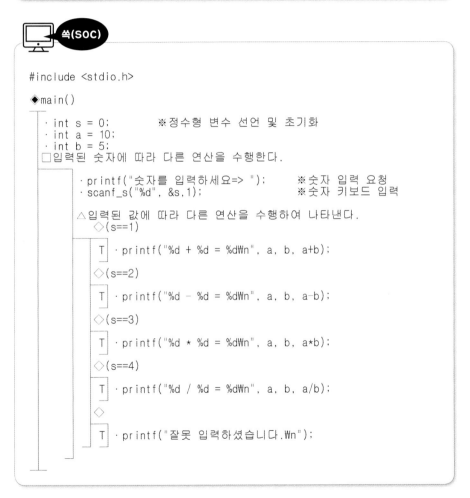

①
　◇(조건2(b))
　T ·명령문2(q)
　◇(조건3(s))
　T ·명령문3(r)
　◇
　T ·명령문4(y)
·명령문5(z)

쏙(SOC)

```
#include <stdio.h>

◆main()
 · int s = 0;          ※정수형 변수 선언 및 초기화
 · int a = 10;
 · int b = 5;
□입력된 숫자에 따라 다른 연산을 수행한다.
     · printf("숫자를 입력하세요=> ");      ※숫자 입력 요청
     · scanf_s("%d", &s,1);                ※숫자 키보드 입력

     △입력된 값에 따라 다른 연산을 수행하여 나타낸다.
       ◇(s==1)
       T · printf("%d + %d = %d\n", a, b, a+b);
       ◇(s==2)
       T · printf("%d - %d = %d\n", a, b, a-b);
       ◇(s==3)
       T · printf("%d * %d = %d\n", a, b, a*b);
       ◇(s==4)
       T · printf("%d / %d = %d\n", a, b, a/b);
       ◇
       T · printf("잘못 입력하셨습니다.\n");
```

91

➔ 연속 if 문 예

```c
#include <stdio.h>

main() {
    int s = 0;        //  정수형 변수 선언 및 초기화
    int a = 10;
    int b = 5;

    //.입력된 숫자에 따라 다른 연산을 수행한다.
    {
        printf("숫자를 입력하세요=> ");        //  숫자 입력 요청
        scanf_s("%d", &s, 1);                //  숫자 키보드 입력

        //.입력된 값에 따라 다른 연산을 수행하여 나타낸다.
        if (s==1) {
            printf("%d + %d = %d\n", a, b, a+b);
        }
        else if (s==2) {
            printf("%d - %d = %d\n", a, b, a-b);
        }
        else if (s==3) {
            printf("%d * %d = %d\n", a, b, a*b);
        }
        else if (s==4) {
            printf("%d / %d = %d\n", a, b, a/b);
        }
        else {
            printf("잘못 입력하셨습니다.\n");
        }
    }
}
```

s값이 1이면 + 연산,
2이면 - 연산,
3이면 * 연산,
4이면 / 연산을
실행합니다.

▶ 실행 결과

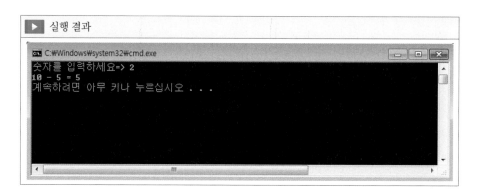

```
C:\Windows\system32\cmd.exe
숫자를 입력하세요=> 2
10 - 5 = 5
계속하려면 아무 키나 누르십시오 . . .
```

예 제

정교는 6일 동안 12,000원을 저금하였고, 정은이는 4일 동안 6,000원을 저금하였다. 정교와 정은이 중 하루에 누가 얼마나 더 저금하였는지 구하고 많이 저금한 사람의 이름을 출력하시오.

쏙(SOC)

```
#include <stdio.h>

◆main()
 · int saving1 = 12000;         ※ 정교의 6일간 저금액
 · int saving2 = 6000;          ※ 정은이의 4일간 저금액
 · int day1 = saving1/6;        ※ 정교의 하루 저금액
 · int day2 = saving2/4;        ※ 정은이의 하루 저금액
 · int difference = day1-day2;  ※ 저금액의 차이
□하루 저금액의 차이를 식별 처리한다.

    △정교와 정은이의 하루 저금액을 비교하여 나타낸다.
     ◇(difference > 0)

    T · printf("정교가 하루에 평균 %d원 더 저금합니다.\n", difference);

     ◇(difference == 0)

    T · printf("정교와 정은이는 하루에 평균 동일한 금액을 저금합니다.\n");

     ◇

    T · printf("정은이가 하루에 평균 %d원 더 저금합니다.\n", difference);
```

프로그램

```
#include <stdio.h>

main() {
  int saving1 = 12000;        // 정교의 6일간 저금액
  int saving2 = 6000;         // 정은이의 4일간 저금액
  int day1 = saving1/6;       // 정교의 하루 저금액
  int day2 = saving2/4;       // 정은이의 하루 저금액
  int difference = day1-day2; // 저금액의 차이

  //.하루 저금액의 차이를 식별 처리한다.
  {
    //.정교와 정은이의 하루 저금액을 비교하여 나타낸다.
    if (difference > 0) {
      printf("정교가 하루에 평균 %d원 더 저금합니다.\n", difference);
```

```
        }
        else if (difference == 0) {
            printf("정교와 정은이는 하루에 평균 동일한 금액을 저금합니다.\n");
        }
        else {
            printf("정은이가 하루에 평균 %d원 더 저금합니다.\n", difference);
        }
    }
}
```

▶ 실행 결과

```
C:\Windows\system32\cmd.exe
정교가 하루에 평균 500원 더 저금합니다.
계속하려면 아무 키나 누르십시오 . . .
```

📋 **참고사항**

여기서 한 가지 의문이 생길 수 있습니다. C나 Java같은 언어는 1958년에
탄생한 알골(Algol: Algorithmic Language)이라는 언어의 영향을 받은 것입
니다. 알골이라는 언어는 제어구조에 괄호를 사용하지 않습니다. C에서도 한
개의 문장은 괄호를 쓰지 않더라도 컴파일에 문제가 없습니다. 따라서 제어
구조에서 괄호를 생략해주는 것이 더 편리하지 않을까 하는 생각이 들 수 있
습니다. 하지만, 괄호의 생략은 프로그램 제어구조 범위의 인식을 어렵게 하
여 오류를 발생시키는 주요 요인 중의 하나로 작용합니다. 따라서 괄호를 빼
는 습관은 반드시 배제하여야 합니다. 새틀(SETL)을 이용한 방법론에서도 C
소스 코드 수준에서 반드시 괄호를 사용하도록 규정화 하고 있습니다.

```
if (a==1)                        if (a==1) {
    printf("true\n");                printf("true\n");
else                             }
    printf("false\n");           else {
                                     printf("false\n");
                                 }
          ( X )                            ( ○ )
```

03
C언어로 컴퓨터와
대화 하기

3.1.5 동일한 변수 점검을 통한 여러갈래 처리를 하는 switch 문

switch 문은 수식의 값과 일치하는 case라는 여러 개의 선택 조건을 검사하여, 그 중 식의 값과 일치하는 문장을 실행합니다.

단, 수식이 수치형 변수가 아닐 경우에는 연속 if 문을 사용합니다.

> ### ➔ switch 문 정의
>
> - switch 문은 수식의 값이 어떤 case에 해당하는가에 따라 실행할 내용을 선택하는 제어구조입니다.
> - switch 문 () 안에 있는 수식 x가 k1의 case면 p1을 실행한 후 z를 실행합니다.
> - 수식 x가 k2의 case면 p2를 실행한 후 z를 실행합니다.
> - 수식 x가 kn의 case면 pn을 실행한 후 z를 실행합니다.
> - 수식 x가 k1, k2, ..., kn의 어떤 case도 아니면 default에 있는 y를 실행한 후 z를 실행합니다.
>
> - 순서도
>
>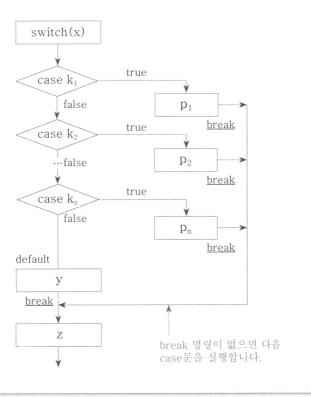

➔ switch 문 정의

● SOC 설계도

△switch문의 목적
　◇(조건(x1))
　　| T | · 명령문(p1)
　◇(조건(x2))
　　| T | · 명령문(p2)
　◇(조건(x3))
　　| T | · 명령문(p3)
　◇
　　| T | · 명령문(y)

쏙(SOC)

```
#include <stdio.h>

◆main()

  · int s = 0;        ※정수형 변수 선언 및 초기화
  · int a = 10;
  · int b = 5;
□입력된 숫자에 따라 다른 연산을 수행한다.
    · printf("숫자를 입력하세요=> ");      ※숫자 입력 요청
    · scanf_s("%d", &s,1);                ※숫자 키보드 입력

  △입력된 값에 따라 다른 연산을 수행하여 나타낸다.
    ◇(s==1)
      | T | · printf("%d + %d = %d\n", a, b, a+b);
    ◇(s==2)
      | T | · printf("%d - %d = %d\n", a, b, a-b);
    ◇(s==3)
      | T | · printf("%d * %d = %d\n", a, b, a*b);
    ◇(s==4)
      | T | · printf("%d / %d = %d\n", a, b, a/b);
    ◇
      | T | · printf("잘못 입력하셨습니다.\n");
```

➋ switch 문 예

```c
#include <stdio.h>

main() {
  int s = 0;        // 정수형 변수 선언 및 초기화
  int a = 10;
  int b = 5;

  //.입력된 숫자에 따라 다른 연산을 수행한다.
  {
    printf("숫자를 입력하세요=> ");      // 숫자 입력 요청
    scanf_s("%d", &s, 1);              // 숫자 키보드 입력

    //.입력된 값에 따라 다른 연산을 수행하여 나타낸다.
    switch(s) {
    case 1:
      printf("%d + %d = %d\n", a, b, a+b);
      break;
    case 2:
      printf("%d - %d = %d\n", a, b, a-b);
      break;
    case 3:
      printf("%d * %d = %d\n", a, b, a*b);
      break;
     case 4:
      printf("%d / %d = %d\n", a, b, a/b);

      break;
    default:
      printf("잘못 입력하셨습니다.\n");
    }
  }
}
```

03
C언어로 컴퓨터와
대화 하기

▶ 실행 결과

```
C:\Windows\system32\cmd.exe                          _ □ X
숫자를 입력하세요=> 3
10 * 5 = 50
계속하려면 아무 키나 누르십시오 . . . ▪
```

switch 문은 제어변수가 동일한 경우에 사용할 수 있습니다. 그러나 switch문은 구조화를 깨는 대표적인 명령입니다.

예를 들어 위의 예제에서 코딩 중에 실수로 case 2 부분에 break문을 누락한 경우 컴파일시 에러 없이 동작합니다. 그러나 실행결과는 case 2와 case 3의 문장을 모두 실행합니다. break 문이 나올 때까지 실행하기 때문입니다. 상호배제(Mutual Exclusion)의 원칙을 무너뜨리는 것입니다. 그러므로 연속 if 문을 사용하는 것이 바람직합니다.

또한 switch문을 사용해 코딩을 하더라도 SOC을 지원하는 SETL은 자동으로 설계도를 만들어냅니다. 설계도를 코드로 변환할 때에는 아래와 같이 연속 if 문으로 수정합니다.

● 연속 if문으로 수정된 switch명령 예

```c
#include <stdio.h>

main() {
  int s = 0;          // 정수형 변수 선언 및 초기화
  int a = 10;
  int b = 5;

  //.입력된 숫자에 따라 다른 연산을 수행한다.
  {
    printf("숫자를 입력하세요=> ");      // 숫자 입력 요청
    scanf_s("%d", &s, 1);              // 숫자 키보드 입력

    //.입력된 값에 따라 다른 연산을 수행하여 나타낸다.
    if (s==1) {
      printf("%d + %d = %d\n", a, b, a+b);
    }
    else if (s==2) {
      printf("%d - %d = %d\n", a, b, a-b);
    }
    else if (s==3) {
      printf("%d * %d = %d\n", a, b, a*b);
    }
    else if (s==4) {
      printf("%d / %d = %d\n", a, b, a/b);
    }
    else {
      printf("잘못 입력하셨습니다.\n");
    }
  }
}
```

3.2 for 문과 while 문을 이용한 되풀이 처리

우리 일상 생활에서는 다람쥐가 쳇바퀴를 돌듯이 어떤 일을 되풀이 하여 반복적으로 처리할 때가 종종 있습니다.

이처럼 컴퓨터 세계에서도 똑같은 처리를 되풀이 해야 하는 일이 자주 일어납니다. 이럴 경우, for, while, do~while 등의 명령을 사용합니다.

이러한 반복문을 처리 할 때에는 "제어변수(CV : Control Variable)를 이용한 반복문 5단계 원칙"을 항상 염두해 두고 프로그래밍 해야 구조적으로 프로그래밍을 할 수 있습니다.

반복문 5단계 원칙은 앞자를 따서 "ICPME"로 기억해 두고, 되풀이 처리하는 반복문을 프로그래밍 할 때 상황에 맞도록 변형하여 적용할 수 있습니다.

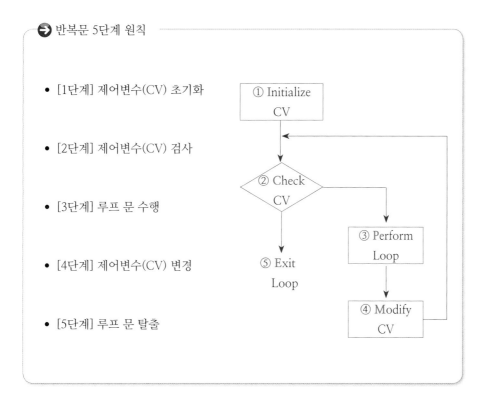

3.2.1 끝아는되풀이 처리를 위한 for 문

for 문은 어느 일정한 범위 내에서 어떤 처리를 중단하지 않고 계속 함을 의미합니다.

❷ for 문 정의

- 카운터를 증감시키면서 되풀이 하는 식으로 되풀이 처리를 할 때 루프의 시작 부분에서 끝을 미리 알고 루프로 들어가는 처리를 할 때 for 문을 사용합니다.
- SOC 설계도

```
○for문의 목적
  ◇(Initialize CV, Check CV, Modify CV)
      · Perform Loop Statement
```

▷ for 문은 반복을 시작할 때 언제 루프(Loop)에서 빠져나가는지 알고 시작하는 끝아는되풀이 구조입니다.

▷ 루프의 시작 부분에서 제어변수 초기화(Initialize CV), 제어변수 검사(Check CV), 제어변수 변경(Modify CV)을 한 줄에 작성하여, 되풀이 구조로 진입하는 시점에서 이미 몇 회 루프를 되풀이 할지를 알고 들어갈 수 있습니다. 이는 되풀이 구조의 내역을 파악하는데 용이합니다. 즉, 반복문 5단계 원칙을 변형하여 적용한 구조입니다.

❷ for 문 형식

- for (제어변수 = 초기값; 반복조건; 제어변수 증가 방법)
    처리 문장

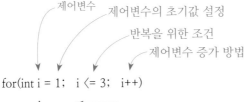

```
for(int i = 1;  i <= 3;  i++)
```

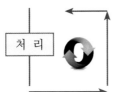

- i의 초기값을 1로 하고 1씩 값을 증가하여 3보다 커질 때까지 반복하여 실행합니다.

💻 쏙(SOC)

```
#include <stdio.h>

◆main()
 · int i = 0;        ※정수형 변수 선언 및 초기화
 · int sum = 0;
 ①
```

①
□1에서 100까지의 정수의 합을 구한다.
○1에서 100까지 정수를 증가시키며 합을 구한다.
◇(i=1; i<=100; i++)
· sum = sum+i; ※i의 값 누적
□정수의 합을 출력한다.
· printf("1+2+3+4+5+......+100 = %d\n", sum);

● for 명령 예

```c
#include <stdio.h>

main() {
  int i = 0;        // 정수형 변수 선언 및 초기화
  int sum = 0;

  //.1에서 100까지의 정수의 합을 구한다.
  {

    //.1에서 100까지 정수를 증가시키며 합을 구한다.
    for (i=1; i<=100; i++) {
      sum = sum+i;  // i의 값 누적
    }

    //.정수의 합을 출력한다.
    {
      printf("1+2+3+4+5+......+100 = %d\n", sum);
    }
  }
}
```

▶ 실행 결과

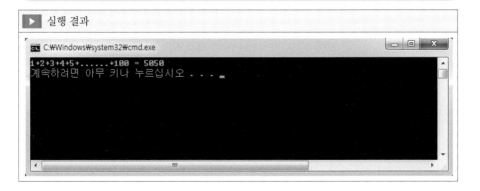

```
C:\Windows\system32\cmd.exe

1+2+3+4+5+......+100 = 5050
계속하려면 아무 키나 누르십시오 . . .
```

03
C언어로 컴퓨터와
대화 하기

3.2.2 앞끝되풀이 처리를 하는 while 문

while은 접속사로서 '~하는 동안에' 라는 의미를 가지고 있습니다. 즉, 어떤 조건이 성립하는 동안에는 특정한 일을 되풀이 하여 반복하다가 조건이 성립되지 않을 때, 루프를 빠져 나가게 할 때 쓰입니다.

> **➔ while 문 정의**
>
> - while의 조건이 '참'인 동안에는 while 내부 문장을 되풀이하고, while의 조건이 '거짓'일 때 루프를 빠져 나가는 것이 코드적인 시각에서의 접근 방법입니다. 하지만, 설계시각인 쪽(SOC)에서는 while문에 해당하는 앞끝되풀이 제어구조에서 루프의 탈출조건이 참일 때 빠져나갑니다. 이해를 위해 좀 더 자세히 설명하겠습니다.
>
> - SOC 설계도
>
> ```
> · Initialize CV
> ○while문의 목적
>   ┌─
> T─│◇(Check CV)
>   │ · Perform Loop Statement
>   │ · Modify CV
> ```
>
> ▷ while 문은 반복문의 맨 앞에서 루프(Loop) 탈출조건을 검사하여 루프에서 빠져나갈지 여부를 결정하는 앞끝되풀이 구조입니다.
>
> ▷ 루프에 들어가기 전에 제어변수 초기화(Initialize CV)를 하고, 되풀이 구조 입구 부분에서 제어변수 검사(Check CV)를 하여 '참'일 경우에 루프 탈출(Exit Loop)을 합니다. 제어변수 검사(Check CV)를 하여 '거짓'일 경우에는 루프 문 수행(Perform Loop Statement)을 하고, 루프 탈출조건이 '참'이 될 때까지 제어변수 변경(Modify CV)을 하여 반복수행합니다.
>
> ▷ 설계에서는 언어에 관계없이 일관성 있는 설계 사상에 따라 논리를 표현해야 합니다. 따라서 루프의 탈출은 "탈출조건"이 "참"인 경우로 진행하는 것을 원칙으로 합니다. 하지만 while 문은 "탈출조건"이 "거짓"인 경우에 루프를 탈출합니다. 이로 인해 얼핏 설계와 코딩 간에 모순이 있는 것처럼 보일 수 있습니다. 그러나 아무런 걱정을 할 필요가 없습니다. 새틀(SETL)은 설계와 코드를 거의 실시간으로 상호 자동 변환하기 때문에, 코드와 설계와의 논리 일관성 유지는 새틀(SETL)에게 맡겨두고 우리는 설계 관점에서만 논리를 생각하면 되기 때문입니다.
>
> ▷ while 문의 경우, 새틀(SETL)은 언어 상의 특성(조건이 거짓일 경우 루프 탈출)으로 설계도를 코드로 바꿀 때, 제어변수 검사(Check CV)부분이 '~가 아니다'라는 뜻의 연산자인 '!'를 앞에 붙입니다.(반대의 경우도 가능합니다.)

⮕ while 문 형식

〈 설계에서 탈출 조건을 "참"인 경우로 작성 시〉

● SOC 설계도

● 코딩 문장 형식

while(!(Loop 탈출조건))
　　처리 문장

Loop 탈출조건이 "거짓"인 동안에 반복
하여 실행합니다.

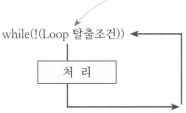

〈 설계에서 탈출 조건을 "거짓"인 경우로 작성 시〉

● SOC 설계도

● 코딩 문장 형식

while(Loop 탈출조건)
　　처리 문장

Loop 탈출조건이 "참"인 동안에 반복
하여 실행합니다.

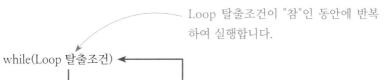

※ 새틀(SETL)을 이용한 쪽(SOC)의 융합설계에서는 루프의 "탈출조건"이 "참"
인 경우에 진행하는 것을 원칙으로 합니다. 하지만, "탈출조건"이 "거짓"인 경
우를 기준으로 코딩하더라도 자동으로 설계와 코드를 변환할 때 새틀(SETL)
이 자동적으로 판단하여 조정해 줍니다. 그렇기 때문에 프로그래머는 코드와
설계 간의 논리 일관성 유지를 걱정할 필요가 없습니다.

쏙(SOC)

```
#include <stdio.h>

◆main()

 · int i = 1;      ※제어변수 i의 선언 및 초기치 설정
 · int sum = 0;
 □1에서 10까지의 정수의 합을 구한다.

        ○1에서 10까지 정수를 증가시키며 합을 구한다.

     T─  ◇(i>10)              ※제어변수 i의 값 검사
         · sum = sum+i;        ※제어변수 i의 값 누적
         · printf("%d\n", i);  ※제어변수 i의 값 출력
         · i = i + 1;          ※제어변수 i의 값 증가

     □정수의 합을 출력한다.

            · printf("1+2+3+......+10 = %d\n", sum);
```

➡ while 문 예

```
#include <stdio.h>

main() {
  int i = 1;     // 제어변수 i의 선언 및 초기치 설정
  int sum = 0;

  //.1에서 10까지의 정수의 합을 구한다.
  {

    //.1에서 10까지 정수를 증가시키며 합을 구한다.
    while (!(i>10)) {           // ※제어변수 i의 값 검사

      sum = sum+i;             // 제어변수 i의 값 누적
      printf("%d\n", i);       // 제어변수 i의 값 출력
      i = i + 1;               // 제어변수 i의 값 증가
    }

    //.정수의 합을 출력한다.
    {
      printf("1+2+3+......+10 = %d\n", sum);
    }
  }
}
```

실행 결과

```
C:\Windows\system32\cmd.exe
1
2
3
4
5
6
7
8
9
10
1+2+3+......+10 = 55
계속하려면 아무 키나 누르십시오 . . .
```

알아두기

무한 루프(endless loop)란 프로그램이 어떤 처리 부분을 되풀이 하여 반복적으로 실행하여 그 부분에서 빠져 나오지 못하고 있는 상태를 말합니다.

무한 루프가 발생하는 경우 이를 중단시키려면 무한 루프가 진행하는 동안 Ctrl+Break를 눌러 줍니다. 그러면 프로그램 실행을 중단시킬 수 있습니다.

3.2.3 뒤끝되풀이 처리를 하는 do ~ while 문

do~while 문도 while 문과 똑같이 되풀이하여 반복 처리하는 제어문입니다. while 문은 처리에 앞서 입구에서 조건을 검사하기 때문에, 첫 번째 루프를 돌 때 조건이 성립하지 않으면 while 문 블록 내의 처리를 한 번도 수행하지 않는 경우가 있습니다. 그러나 do~while 문은 구조의 맨 아래쪽에서 조건을 검사하기 때문에 반드시 한 번은 루프 처리를 수행합니다.

➔ do~while 문 정의

- do~while 문의 경우에는 루프 처리를 먼저 수행하고, while의 조건 부분을 검사하여 '참'인 동안 처리를 반복하는 것이 코드적인 시각입니다. 이것도 while 문의 경우와 마찬가지로 설계적인 시각에서는 '참'일 때 루프를 빠져나갑니다(반드시 한 번은 루프를 실행합니다.). do~while 문의 경우에도 설계 시각과 코드 시각의 차이에 대한 이해를 돕기 위해 좀 더 자세히 설명하겠습니다.
- SOC 설계도

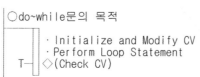

```
◯do~while문의 목적
         · Initialize and Modify CV
         · Perform Loop Statement
 T─  ◇(Check CV)
```

▷ do ~ while 문은 반복문의 맨 뒤에서 루프(Loop) 탈출 조건을 검사하여 루프에서 빠져나갈지 여부를 결정하는 뒤끝되풀이 구조입니다.

▷ 루프에 들어가서 제어변수 초기화(Initialize CV)와 제어변수 변경(Modify CV)을 동시에 수행하고, 루프 문 수행(Perform Loop Statement)을 합니다. 그리고 루프의 마지막 단계에서 제어변수 검사(Check CV)를 하여 '참'일 경우에 루프 탈출(Exit Loop)을 합니다.

▷ do ~ while 문의 경우에도 while문과 마찬가지로, 설계에서는 언어에 관계없이 일관성 있는 설계 사상에 따라 논리를 표현해야 함을 고려하여 루프의 탈출은 "탈출조건"이 "참"인 경우에 진행하는 것을 원칙으로 합니다.

▷ do ~ while 문은 언어 상의 특성(조건이 거짓일 경우 루프 탈출)으로 설계도를 코드로 바꿀 때, 제어변수 검사(Check CV)부분이 '~가 아니다'라는 뜻의 연산자인 '!'가 앞에 붙습니다.(반대의 경우도 가능합니다.)

➜ do~while 문 형식

⟨ 설계에서 탈출 조건을 "참"인 경우로 작성 시⟩

● SOC 설계도

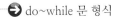

```
○do~while문의 목적
       · Initialize and Modify CV
       · Perform Loop Statement
  T─  ◇(Check CV)
```

● 코딩 문장 형식

```
do
    처리 문장
while(!(Loop 탈출조건))
```

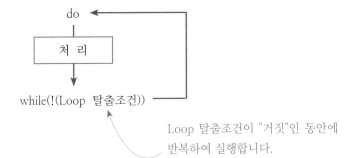

```
        do ◄────────┐
         │           │
      ┌──┴──┐        │
      │ 처 리 │        │
      └──┬──┘        │
         ▼           │
while(!(Loop 탈출조건)) ─┘
```

Loop 탈출조건이 "거짓"인 동안에 반복하여 실행합니다.

〈 설계에서 탈출 조건을 "거짓"인 경우로 작성 시〉

● SOC 설계도

　○do~while문의 목적

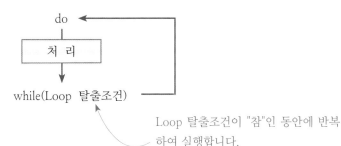

```
T─  · Initialize and Modify CV
    · Perform Loop Statement
    ◇(!(Check CV))
```

● 코딩 문장 형식

```
do
    처리 문장
while(Loop 탈출조건)
```

```
      do ◄──────────────┐
                         │
    ┌───────────┐        │
    │   처  리   │        │
    └───────────┘        │
          │              │
          ▼              │
  while(Loop 탈출조건) ───┘
```

Loop 탈출조건이 "참"인 동안에 반복
하여 실행합니다.

※ 새틀의 설계에서는 루프의 "탈출조건"이 "참"인 경우에 진행하는 것을 원칙으
로 하지만, "탈출조건"이 "거짓"이 되도록 코딩하더라도 자동으로 설계와 코드
를 변환해 줍니다. 그렇기 때문에 프로그래머는 코드와 설계 간의 논리 일관
성 유지를 걱정할 필요가 없습니다.

쏙(SOC)

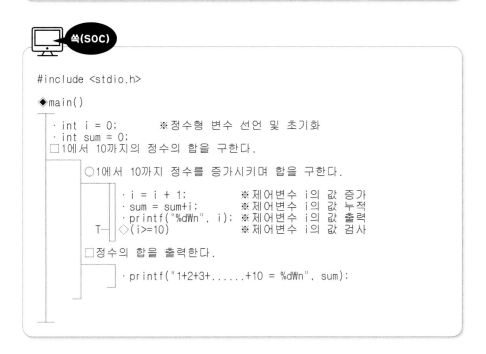

```
#include <stdio.h>

◆main()
 · int i = 0;        ※정수형 변수 선언 및 초기화
 · int sum = 0;
 □1에서 10까지의 정수의 합을 구한다.

    ○1에서 10까지 정수를 증가시키며 합을 구한다.

      · i = i + 1;           ※제어변수 i의 값 증가
      · sum = sum+i;         ※제어변수 i의 값 누적
      · printf("%d\n", i);   ※제어변수 i의 값 출력
  T─ ◇(i>=10)               ※제어변수 i의 값 검사

    □정수의 합을 출력한다.

      · printf("1+2+3+......+10 = %d\n", sum);
```

➜ do~while 문 예

```c
#include <stdio.h>

main() {
  int i = 0;        // 정수형 변수 선언 및 초기화
  int sum = 0;

  //.1에서 10까지의 정수의 합을 구한다.
  {

    //.1에서 10까지 정수를 증가시키며 합을 구한다.
    do {
      i = i + 1;            // 제어변수 i의 값 증가
      sum = sum+i;         // 제어변수 i의 값 누적
      printf("%d\n", i);   // 제어변수 i의 값 출력
    }
    while(!(i)=10);         // 제어변수 i의 값 검사

    //.정수의 합을 출력한다.
    {
      printf("1+2+3+......+10 = %d\n", sum);
    }
  }
}
```

실행 결과

```
C:\Windows\system32\cmd.exe

1
2
3
4
5
6
7
8
9
10
1+2+3+......+10 = 55
계속하려면 아무 키나 누르십시오 . . .
```

3.3 break 문과 continue 문을 이용한 루프 제어

for 문이나 while 문에서 되풀이 처리를 중단시키려면, break 와 continue 등의 문을 사용합니다.

3.4.1 되풀이 제어구조 루프를 탈출하는 break 문

break는 '중단시키다' 라는 뜻이며, for 문이나 while 문 등에서 되풀이 처리를 중단하고 루프를 빠져나가려는 경우에 사용합니다.

프로그램 처리 중에 break 문을 만나면 가장 가까운 블록의 끝으로 이동하여 루프를 빠져나갑니다.

➜ break 문 정의

- 되풀이 처리 문을 중단하고 루프를 빠져나갈 때 사용합니다.

➜ break 문 형식

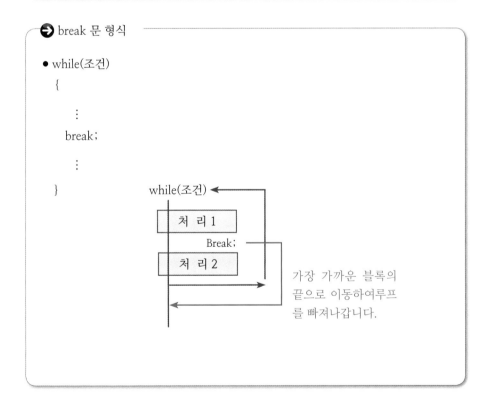

109

쏙(SOC)

```
#include <stdio.h>

◆main()

    · int i = 0;        ※정수형 변수 선언 및 초기화
    · int j = 1;
    · int sum = 0;
    □두 수의 합이 5를 초과할 때까지 더한다.

        ○i를 0부터 10까지 1씩 증가시켜 j와 더한다.
          ◇(i=0; i<=10; i++)

            · sum=i+j;  ※i와 j의 합 연산
            △i와 j의 합의 5보다 커질 때 루프 탈출
              ◇(sum>5)

          T  · break;

          □i와 j의 합 연산 결과를 출력한다.

            · printf("%d + %d = %d\n", i, j, sum);
```

➲ break 문 예

```c
#include <stdio.h>

main() {
  int i = 0;      // 정수형 변수 선언 및 초기화
  int j = 1;
  int sum = 0;

  //.두 수의 합이 5를 초과할 때까지 더한다.
  {

    //.i를 0부터 10까지 1씩 증가시켜 j와 더한다.
    for (i=0; i<=10; i++) {
      sum=i+j;  // i와 j의 합 연산

      //.i와 j의 합의 5보다 커질 때 루프 탈출
      if (sum>5)     {
        break;
      }
```

```
        //.i와 j의 합 연산 결과를 출력한다.
        {
            printf("%d + %d = %d\n", i, j, sum);
        }
    }
  }
}
```

break문을 사용하지 않고 비상계 형태로도 나타낼 수 있습니다. 단, 이 경우에는 설계에서 코드를 생성할 때, goto문으로 변환되는 점에서 차이가 있습니다.

쏙(SOC)

```
#include <stdio.h>

◆main()

  · int i = 0;          ※정수형 변수 선언 및 초기화
  · int j = 1;
  · int sum = 0;
  □두 수의 합이 5를 초과할 때까지 더한다.

      ○i를 0부터 10까지 1씩 증가시켜 j와 더한다.
        ◇(i=0; i<=10; i++)

          · sum=i+j;   ※i와 j의 합 연산
          ▲i와 j의 합의 5보다 커질 때 루프 탈출
            ◇(sum>5)

            ┌ T
            │ 2
            └
          □i와 j의 합 연산 결과를 출력한다.

              · printf("%d + %d = %d\n", i, j, sum);
```

➔ break를 표시하지 않은 비상계 형태의 예

```c
#include <stdio.h>

main() {
  int i = 0;        // 정수형 변수 선언 및 초기화
  int j = 1;
  int sum = 0;

  //.두 수의 합이 5를 초과할 때까지 더한다.
  {

    //.i를 0부터 10까지 1씩 증가시켜 j와 더한다.
    for (i=0; i<=10; i++) {
      sum=i+j;   // i와 j의 합 연산

      //.i와 j의 합의 5보다 커질 때 루프 탈출
      if (sum>5) {
        goto A_3_2;
      }

      //.i와 j의 합 연산 결과를 출력한다.
      {
        printf("%d + %d = %d\n", i, j, sum);
      }
    }
    A_3_2:;
  }
}
```

▶ 실행 결과

```
C:\Windows\system32\cmd.exe

0 + 1 = 1
1 + 1 = 2
2 + 1 = 3
3 + 1 = 4
4 + 1 = 5
계속하려면 아무 키나 누르십시오 . . .
```

112

3.4.2 무조건 다음 되풀이 처리로 계속하게 하는 continue 문

continue는 '계속하다' 라는 뜻입니다. break 문은 되풀이 처리를 중단하고 루프를 빠져 나오는 것에 비해, continue 문은 자신의 위치에서 루프의 처리를 멈추고, 다음 차례의 반복을 처음부터 실행할 수 있도록 동작하는 문입니다.

❯ continue 문 정의

* 되풀이 처리 도중 자신의 위치에서 루프 처리를 중단하고, 다음 차례의 반복을 처음부터 실행할 수 있도록 동작할 경우 사용합니다.

❯ continue 문 형식

* while(조건)
  {

  　⋮

  　continue;

  　⋮

  }

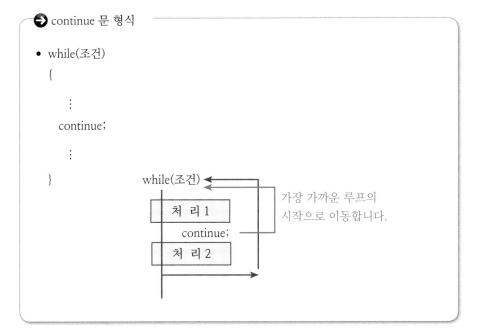

쏙(SOC)

```
#include <stdio.h>
◆main()
 · int i = 0;        ※정수형 변수 선언 및 초기화
 · int j = 1;
 · int sum = 0;
①
```

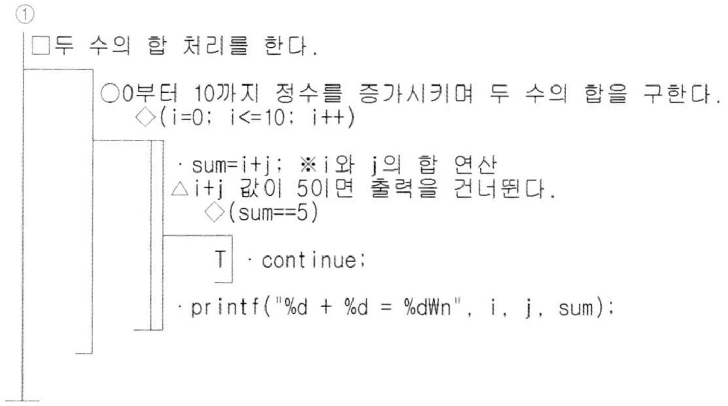

□두 수의 합 처리를 한다.

　　○0부터 10까지 정수를 증가시키며 두 수의 합을 구한다.
　　　◇(i=0; i<=10; i++)

　　　　·sum=i+j; ※i와 j의 합 연산
　　　　△i+j 값이 5이면 출력을 건너�뛴다.
　　　　　◇(sum==5)

　　　　　T　·continue;

　　　　·printf("%d + %d = %d₩n", i, j, sum);

➜ continue 문 예

```c
#include <stdio.h>

main() {
  int i = 0;        // 정수형 변수 선언 및 초기화
  int j = 1;
  int sum = 0;
  //.두 수의 합 처리를 한다.
  {
    //.0부터 10까지 정수를 증가시키며 두 수의 합을 구한다.
    for (i=0; i<=10; i++) {
      sum=i+j; // i와 j의 합 연산 ◀

      //.i+j 값이 5이면 출력을 건너뛴다.
      if (sum==5)    {
        continue;
      }
      printf("%d + %d = %d₩n", i, j, sum);
    }
  }
}
```

📋 **알아두기**

참고로, continue 문도 프로그램 구조를 복잡하게 하므로, 가급적 논리를 반대로 하여 if 문을 사용하는 것이 좋습니다.

▶ 실행 결과

```
C:\Windows\system32\cmd.exe

0 + 1 = 1
1 + 1 = 2
2 + 1 = 3
3 + 1 = 4          continue 명령으로
5 + 1 = 6    ◄──   4+1 =5 는 표시되지 않습니다.
6 + 1 = 7
7 + 1 = 8
8 + 1 = 9
9 + 1 = 10
10 + 1 = 11
계속하려면 아무 키나 누르십시오 . . . ■
```

예 제

아래의 A, B 의 값을 구하는 프로그램을 작성하십시오.

$$\begin{array}{r} A\,B \\ \times\ B\,A \\ \hline 403 \end{array}$$

쏙(SOC)

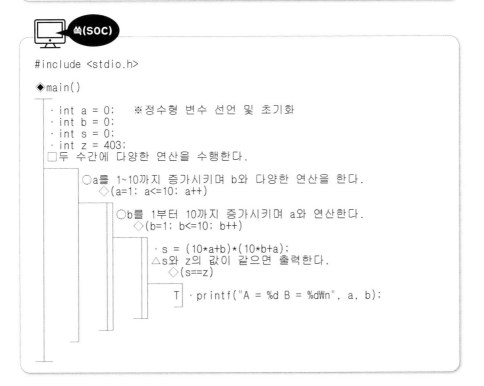

```
#include <stdio.h>

◆main()
  · int a = 0;    ※정수형 변수 선언 및 초기화
  · int b = 0;
  · int s = 0;
  · int z = 403;
  □두 수간에 다양한 연산을 수행한다.

      ○a를 1~10까지 증가시키며 b와 다양한 연산을 한다.
       ◇(a=1; a<=10; a++)

         ○b를 1부터 10까지 증가시키며 a와 연산한다.
          ◇(b=1; b<=10; b++)

            · s = (10*a+b)*(10*b+a);
            △s와 z의 값이 같으면 출력한다.
             ◇(s==z)

               T│ · printf("A = %d B = %d\n", a, b);
```

🖥 프로그램

```c
#include <stdio.h>

main() {
    int a = 0;    // 정수형 변수 선언 및 초기화
    int b = 0;
    int s = 0;
    int z = 403;

    //.두 수간에 다양한 연산을 수행한다.
    {

        //.a를 1~10까지 증가시키며 b와 다양한 연산을 한다.
        for (a=1; a<=10; a++) {

            //.b를 1부터 10까지 증가시키며 a와 연산한다.
            for (b=1; b<=10; b++) {
                s = (10*a+b)*(10*b+a);

                //.s와 z의 값이 같으면 출력한다.
                if (s==z) {
                    printf("A = %d B = %d\n", a, b);
                }
            }
        }
    }
}
```

루프 중에 루프가 들어가 있는 것을 네스트라고 하며, 여러 단계의 네스트도 가능합니다.

▶ 실행 결과

```
C:\Windows\system32\cmd.exe

A = 1 B = 3
A = 3 B = 1
계속하려면 아무 키나 누르십시오 . . .
```

응용과제

과제 3.1   C 프로그래밍으로 해결해야 하는 현실 세계의 문제를 정상계와 비정상계로 구분하고, 비정상계도 비상계와 이상계로 세분화해야 하는 이유를 조사하고 각각의 활용 방법을 생각해 보세요.

과제 3.2   일상 생활에서 정상계와 비상계를 혼용하는 사례를 찾아서 쏙(SOC)으로 설계한 후, C 소스 코드로 변환하여 실행시켜 보세요

과제 3.3   귀하가 속한 조의 5명의 팀원들의 C 프로그래밍 중간고사 성적이 각각 85, 65, 100, 90, 80 점으로 나타납니다. 해당 성적을 읽어 들여 최대치와 최소치를 구분하여 출력하는 C 프로그램을 작성해 보세요.

과제 3.4   정신학적 인공두뇌(Psycho Cybernetics) 방식으로 부자가 되려고 합니다. 뚜렷하고 실질적인 목표를 세워서, 목표를 달성하는데 필요한 수단을 찾은 후 목표를 달성해나가는 C 프로그램을 작성하세요. 이때, 키보드에서 A를 입력하면 주위 친구의 조언에 힘입어 긍정적으로 노력하고, B를 입력하면 친구의 비아냥거림을 긍정적으로 바꾸고, 그밖의 문자를 입력하면 친구가 어떤 말을 하더라도 긍정적으로 전환한다는 내용을 출력하세요.

과제 3.5   팀을 쏙(SOC)으로 설계하여 소스 코드로 변환하는 그룹과 소스 코드로 직접 프로그래밍 하는그룹의 2 부류로 나눈후, 소인수 분해를 하는 C 프로그램을 작성하고 팀별 성과를 비교해 보세요.

04

나도 이제 C언어 프로그래머

4.1 배열과 포인터 세계로의 진입

4.1.1 차원의 세계와 배열의 사용 방법

　프로그램을 작성할 때에는 다양한 형태의 변수들을 사용할 수 있습니다. 이 장에서는 C언어에서 효율적인 자료 관리를 위하여, 자료들을 모아서 한 곳에 저장하고 사용하는 방법에 대하여 다루겠습니다.

　우선 배열의 정의에 대하여 알아보고, 차원에 대한 개념과 C언어에서 배열의 사용법에 대하여 배워 보겠습니다.

가. 오묘한 차원(dimension)의 세계

　우리는 흔히 3차원(dimension)의 세계에 살고 있다고 합니다(물론 다른 의견도 있습니다). 또한 평범하지 않은 행동이나 생각을 가진 사람을 '다차원적인 사람이다.' 라고 하기도 합니다. 그럼 이제부터 차원에 대해서 알아보고 차원을 배열로 표현하는 법에 대해서도 배워보겠습니다.

- 1차원은 점들의 모임을 뜻합니다. 점들이 모여서 선을 형성합니다.
- 2차원은 선들의 모임을 뜻합니다. 선들이 모여서 면을 형성합니다.
- 3차원은 면들의 모임을 뜻합니다. 면들이 모여서 공간을 형성합니다.
- 4차원은 3개의 축에 또 하나의 좌표 축을 추가한 공간입니다. 추가한 좌표 축은 시간으로도 볼 수 있습니다.

　높은 차원을 잘라서 낮은 차원으로 만드는 것을 수학에서는 미분(微分)이라고 하고, 낮은 차원을 쌓아서 큰 차원으로 만드는 것을 적분(積分)이라고 합니다. 차원의 생김새를 보면 아래의 그림과 같습니다.

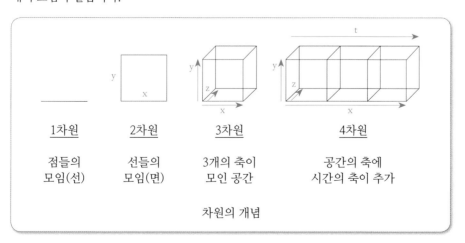

차원의 개념

이해를 돕기 위해 차원 위에 두 명의 사람이 있다고 가정하고 설명하겠습니다.

· 1차원(1st Dimension)에서는 양쪽에 사람이 오고 있다면, 피할 수가 없기 때문에 서로 맞대고 있어야 합니다.

· 2차원(2st Dimension)에서는 평면이기 때문에 두 사람이 마주 오다 서로 피해서 지나갈 수 있습니다. 그러나, 하늘에 있는 새를 볼 수는 없습니다.

· 3차원(3st Dimension)에서는 공간이기 때문에 두 사람 모두 서로 피할 수도 있고 하늘에 있는 새나 태양을 바라볼 수도 있습니다.

· 4차원(4st Dimension)에서는 여러 공간을 시간이 지나가기 때문에 두 사람이 멈추어 있어도 공간은 시간을 따라 흘러갑니다. 그렇기 때문에 시간축을 따라 다른 여러 공간이 존재할 수 있습니다.

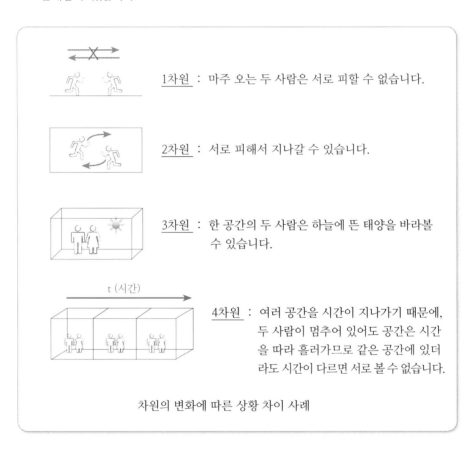

__1차원__ : 마주 오는 두 사람은 서로 피할 수 없습니다.

__2차원__ : 서로 피해서 지나갈 수 있습니다.

__3차원__ : 한 공간의 두 사람은 하늘에 뜬 태양을 바라볼 수 있습니다.

t (시간)

__4차원__ : 여러 공간을 시간이 지나가기 때문에, 두 사람이 멈추어 있어도 공간은 시간을 따라 흘러가므로 같은 공간에 있더라도 시간이 다르면 서로 볼 수 없습니다.

차원의 변화에 따른 상황 차이 사례

나. 배열(Array)이란?

　배열(Array)은 같은 자료형을 가진 많은 데이터를 다루기 위하여 기준이 되는 이름을 정한 뒤에 여러 변수들을 저장할 수 있도록 나열해 놓은 자료형을 말합니다.

프로그램에서 10개의 정수형 변수를 사용하여 자료를 입력한다고 생각해보겠습니다. 아래의 그림처럼 무척 복잡해 보입니다.

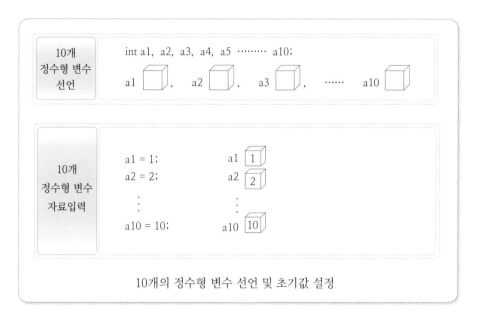

10개의 정수형 변수 선언 및 초기값 설정

이번에는 크기가 10인 정수형 배열을 사용하여 10개의 자료를 입력한 결과를 아래의 그림으로 보겠습니다.

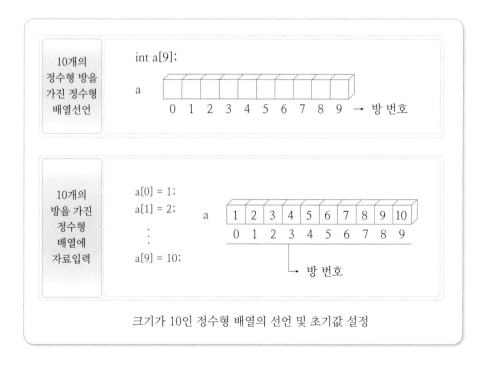

크기가 10인 정수형 배열의 선언 및 초기값 설정

지금은 10개의 변수를 가정해서 변수와 배열의 선언과 저장 방법을 알아보았지만, 사용해야 할 변수가 1000개 정도가 필요하다면 변수를 사용할 경우보다 배열을 사용할 경우가 쉽고 빠르게 자료를 관리할 수 있다는 것을 알 수 있습니다.

아래에 제시한 프로그램 내용처럼 for 문을 사용하여 배열의 값을 입력하면 좀 더 쉽게 배열에 초기값을 넣을 수 있습니다.

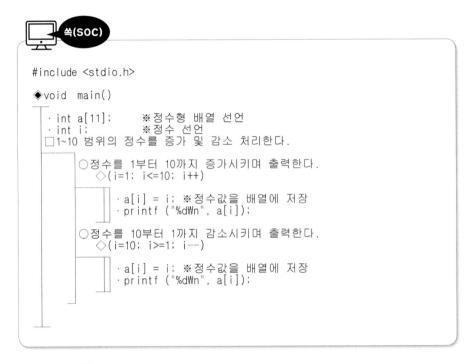

```
#include <stdio.h>

◆void  main()
 │· int a[11];    ※정수형 배열 선언
 │· int i;        ※정수 선언
 □1~10 범위의 정수를 증가 및 감소 처리한다.

      ○정수를 1부터 10까지 증가시키며 출력한다.
       ◇(i=1; i<=10; i++)

            │· a[i] = i; ※정수값을 배열에 저장
            │· printf ("%d\n", a[i]);

      ○정수를 10부터 1까지 감소시키며 출력한다.
       ◇(i=10; i>=1; i--)

            │· a[i] = i; ※정수값을 배열에 저장
            │· printf ("%d\n", a[i]);
```

프로그램

```
#include <stdio.h>

void  main() {
  int a[11];    // 정수형 배열 선언
  int i;        // 정수 선언

  //.1~10 범위의 정수를 증가 및 감소 처리한다.
  {

    //.정수를 1부터 10까지 증가시키며 출력한다.
    for (i=1; i<=10; i++) {
      a[i] = i; // 정수값을 배열에 저장
```

```
        printf ("%d\n", a[i]);
    }

    //.정수를 10부터 1까지 감소시키며 출력한다.
    for (i=10; i>=1; i--) {
      a[i] = i;  // 정수값을 배열에 저장
      printf ("%d\n", a[i]);
    }
  }
}
```

▶ 실행 결과

이제부터는 1차원, 2차원, 3차원까지 배열의 다양한 정의 방법을 설명하겠습니다.

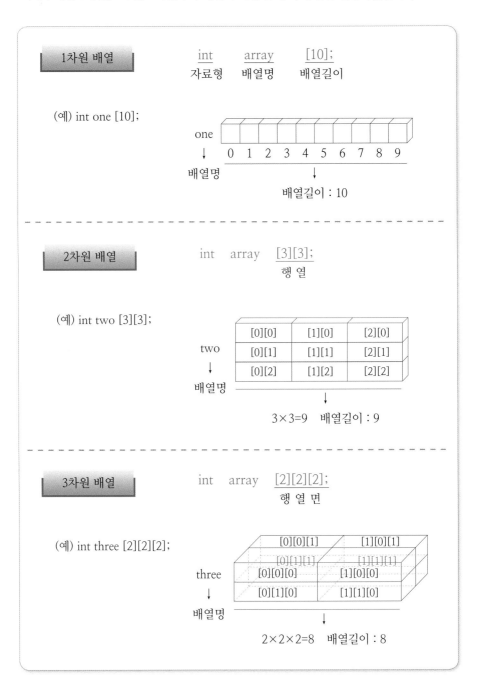

다차원 배열은 메모리가 허용하는 한 많은 차원의 배열을 선언해서 사용할 수 있지만, 주로 프로그램 작업을 할 경우 3차원 배열까지만 사용합니다.

배열을 선언하면 무작위로 메모리 값을 할당 받게 되며, 배열이 가진 메모리 안에 쓰레기 값이 들어 있을 수 있기 때문에 실수를 방지하기 위하여 배열 값을 초기화하는 습관을 들이는 것이 좋습니다. 배열 선언과 동시에 초기화 하는 방법을 알아보겠습니다.

```
[1차원 배열]

int A[10] = {1,2,3,4,5,6,7,8,9,10};

[2차원 배열]

int B[2][2] = { {1,2}, {3,4}  };

[3차원 배열]

int C[2][3][4] = { {{1,2,3,4}, {5,6,7,8}, {9,10,11,12}},
                  {{13,14,15,16}, {17,18,19,20}, {21,22,23,24}} };
```

배열에 값을 넣는 이유는 저장했다가 필요할 때 사용하기 위함입니다. 이제는 입력한 배열의 값을 다른 변수에 대입하는 방법을 알아보겠습니다.

```
int Receive;   // 입력 받을 변수 선언

[1차원 배열]

Receive =  A[0] ;      // "1" 값이 Receive 변수에 입력됨

[2차원 배열]

Receive =  B[0][1];     // "2" 값이 Receive 변수에 입력됨

[3차원 배열]

Receive = C[0][0][3];   // "4" 값이 Receive 변수에 입력됨
```

4.1.2 주소 정보를 저장하여 활용하는 포인터

C 언어를 배울 때 가장 어려워 하는 부분이 바로 포인터입니다. 하지만 이것은 C 언어의 커다란 장점이기도 합니다. 이 장에서는 포인터의 정의와 사용법에 대해 배워보겠습니다.

가. 변수를 선언하면 어떠한 일이 일어날까요?

컴퓨터는 중앙처리장치(CPU), 기억장치, 입·출력장치로 구성되며, 컴퓨터가 덧셈을 한다고 가정할 때 먼저 기억장치에 더할 값을 저장하고, 중앙처리장치(CPU)가 저장한 값을 읽어서 덧셈을 수행합니다. 그리고 덧셈 결과 값을 다시 기억정치에 저장합니다. 이런 기억장치를 "메모리(Memory)"라고 합니다. 메모리는 정보를 담을 수 있는 방으로 볼 수 있습니다. 그리고 각각의 방은 모두 방 번호를 가지고 있습니다.

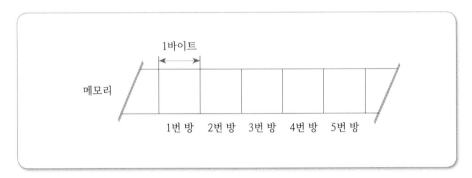

그러면 정수형 변수 "a"를 선언하면 메모리에 어떻게 할당되는지 알아보겠습니다.

```
1   int  a;      // 정수형 변수 a 선언 ( 4바이트)
```

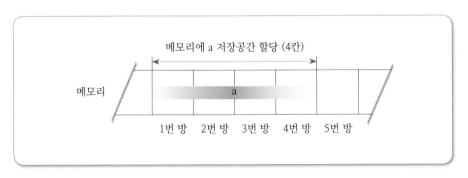

위의 그림은 정수형 변수 a가 1번 방부터 4번 방까지 사용할 수 있도록 메모리를 할당한 모습입니다.

나. 포인터란 무엇일까요?

포인터는 방 번호(주소값)를 저장하는 특수한 변수라고 할 수 있습니다. 만약, 정수형 변수 a를 메모리에 할당할 경우, 정수형 변수 시작 방 번호를 기억하고 있다면 변수 a의 저장 값을 쉽고 다양한 방법으로 사용할 수 있습니다.

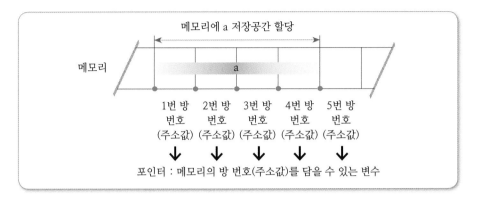

다. 포인터 변수의 선언 방법과 기본적인 내용

포인터도 변수와 동일하기 때문에 포인터를 사용하려면 다른 변수와 같이 사용하기 전에 선언을 해야 합니다. 포인터 변수는 자료형을 먼저 입력하고 변수명 앞에 참조 연산자("*")를 입력해서 선언합니다.

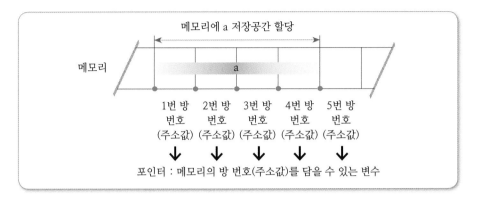

포인터 변수 선언은 사용할 포인터의 자료형을 먼저 써주고, "*"을 사용하여 포인터(주소값 저장 변수)임을 알려준 후, 뒤에 변수명을 붙여줍니다. 포인터는 주소값을 저장하기 때문에 4바이트의 기억공간이 필요합니다. 또한, 저장할 주소값 변수의 형식과 동일하게 포인터 변수의 자료형을 선언해야 합니다.

그럼, 포인터 변수에 주소값을 어떻게 넣을 수 있을까요? 앞에서 설명했던 것처럼 포인터 변수는 주소값만 저장할 수 있기 때문에 입력하려는 변수의 주소값을 구해야 합니다. 사용하는 변수들의 주소값을 구하는 방법은 변수명 앞에 AND 연산자("&")를 써주면 간단하게 주소값을 구할 수 있습니다.

만일 아래와 같이 프로그램을 작성했다면, 정상적으로 실행이 될까요? 아니면 오류가 발생할까요?

```
1   int  a;
2   int *apt;
3
4   a = apt;
```

정수형 변수 a의 그릇에 정수형이기는 하지만 주소값을 담는 포인터 변수 apt 를 대입시켜 실제 정수값이 아닌 주소값이 들어가기때문에 "런타임 에러" 발생

"런타임 에러"가 발생합니다! 어디서 에러가 발생할까요? 4번째 행에서 에러가 발생합니다. 이유는 정수형 'a' 변수와 정수형 포인터 변수 'apt'를 선언한 다음 정수형 변수 ' a'에 정수값을 대입하는 것이 아니라 정수형 포인터 변수가 가진 주소값을 대입했기 때문입니다. 포인터 변수 apt의 형식과 저장 변수 a의 형식이 다른 상태에서 강제로 대입하면 안됩니다.

포인터 오류는 찾기가 어려우며 한번 발생하면 프로그램 실행이 중단되는 등 심각한 오류를 만들기 때문에 포인터를 사용하여 프로그램을 작성할 때는 매우 주의해야 합니다.

이제는 포인터 변수에 주소값이 어떻게 저장되는지 알아보기 위하여 아래와 같이 간단한 프로그램을 작성해보겠습니다.

```
int    a;      // 정수형 변수 a 선언
int    *apt;   // 정수형 포인터 apt 선언
apt = &a;      // 정수형 변수 a의 주소값을 포인터 apt에 저장
```

그림을 통해서 정수형 변수 a와 정수형 포인터 변수 apt가 어떻게 저장되는지 확인해보겠습니다.

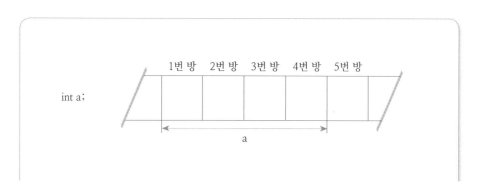

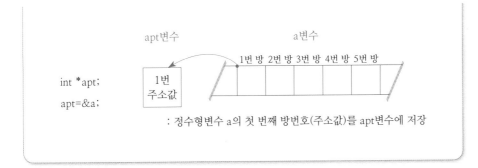

apt변수　　　　　　　　　　　a변수

int *apt;
apt=&a;

: 정수형변수 a의 첫 번째 방번호(주소값)를 apt변수에 저장

위의 그림과 같이 정수형 포인터 변수 apt의 내용에 정수형 변수 a의 첫 번째 주소값을 저장한 것을 알 수 있습니다. 포인터 변수 apt는 정수형 변수 a의 시작 주소값을 저장했기 때문에 "포인터 변수 apt는 정수형 변수 a를 가리킨다"고 볼 수 있습니다.

포인터 변수가 가리키는 주소값의 내용을 변경하려면 어떻게 해야 할까요? 간단합니다. 포인터 변수의 앞에 "*"를 붙여주면 포인터 변수가 가리키는 주소에 담긴 값을 나타냅니다. 그렇다면 아래의 문장에서 a 변수의 값은 얼마일까요?

```
1    int  a = 10;
2    int *apt;
3    apt  =  &a;  // apt 포인터 변수에 a 변수의 첫 번째 주소값 저장
4    *apt = 5;     // apt 포인터 변수가 가리키는 주소값의 내용을 5로 변경
```

04
나도 이제 C언어
프로그래머

정답은 5입니다. 어떻게 a변수의 값이 10에서 5로 변경되었는지 설명하겠습니다. 우선 1번 행에서 정수형 변수의 선언과 동시에 값을 10으로 설정하였고, 2번째 줄에서 정수형 포인터 변수를 선언했습니다. 그리고 3번 행에서 a 변수의 시작 주소값을 포인터 변수 apt에 저장했습니다. 이제 apt 포인터 변수의 값은 a 변수의 시작 주소값과 동일해졌습니다. 끝으로 4번 행에서 apt 포인터 변수에 저장된 주소값의 내용에 5를 입력하였고 a변수의 값을 5로 변경한 것입니다.

라. 포인터 변수의 기본적인 사용법

정수형 변수와 포인터 변수에 값을 저장하고 여러 가지 방법으로 저장된 값을 출력하는 예제로 간단한 포인터 사용법을 배워보겠습니다.

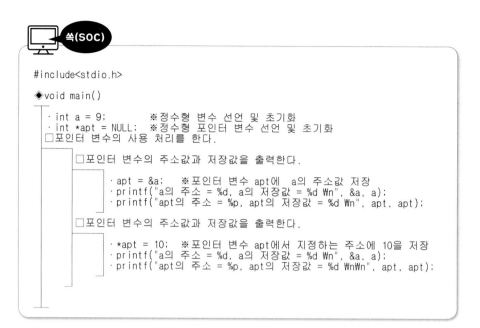

쏙(SOC)

```
#include<stdio.h>

◆void main()
  ┌ ·int a = 9;          ※정수형 변수 선언 및 초기화
  │  ·int *apt = NULL;    ※정수형 포인터 변수 선언 및 초기화
  └□포인터 변수의 사용 처리를 한다.

        □포인터 변수의 주소값과 저장값을 출력한다.

          ·apt = &a;     ※포인터 변수 apt에  a의 주소값 저장
          ·printf("a의 주소 = %d, a의 저장값 = %d ₩n", &a, a);
          ·printf("apt의 주소 = %p, apt의 저장값 = %d ₩n", apt, apt);

        □포인터 변수의 주소값과 저장값을 출력한다.

          ·*apt = 10;    ※포인터 변수 apt에서 지정하는 주소에 10을 저장
          ·printf("a의 주소 = %d, a의 저장값 = %d ₩n", &a, a);
          ·printf("apt의 주소 = %p, apt의 저장값 = %d ₩n₩n", apt, apt);
```

프로그램

```
1   #include<stdio.h>
2
3   void main() {
4     int a = 9;              // 정수형 변수 선언 및 초기화
5     int *apt = NULL;  // 정수형 포인터 변수 선언 및 초기화
6
7     //.포인터 변수의 사용 처리를 한다.
8     {
9
10      //.포인터 변수의 주소값과 저장값을 출력한다.
11      {
12        apt = &a;   // 포인터 변수 apt에  a의 주소값 저장
13        printf("a의 주소 = %d, a의 저장값 = %d ₩n", &a, a);
14        printf("apt의 주소 = %p, apt의 저장값 = %d ₩n", apt, apt);
15      }
16
17      //.포인터 변수의 주소값과 저장값을 출력한다.
18      {
19        *apt = 10;   // 포인터 변수 apt에서 지정하는 주소에 10을 저장
20        printf("a의 주소 = %d, a의 저장값 = %d ₩n", &a, a);
21        printf("apt의 주소 = %p, apt의 저장값 = %d ₩n₩n", apt, apt);
22      }
23    }
24  }
```

04
나도 이제 C언어
프로그래머

작성한 C 프로그램의 실행 결과는 아래와 같습니다.

실행 결과만 봐서는 쉽게 이해가 어렵기 때문에 프로그램 및 실행 결과에 대해서 자세하게 설명하겠습니다.

```
12   apt = &a;        //포인터 변수 apt에  a의 주소값 저장
13   printf("a의 주소 = %d, a의 저장값 = %d \n", &a, a);
14   printf("apt의 주소 = %p, apt의 저장값 = %d \n", apt, apt);
```

12번 행은 정수형 변수 a의 첫 번째 주소값을 정수형 포인터 변수 apt에 저장하라는 명령어 줄입니다. 13번 행은 변수 a의 주소값과 저장된 값을 출력하라는 뜻입니다. 그리고 14번 행은 포인터 변수 apt의 주소값과 저장된 값을 출력하는 명령어 줄입니다. 프로그램의 이해를 돕기 위하여 그림으로 변수들의 주소값과 저장값을 살펴보겠습니다. (주소값은 실행 시마다 달라질 수 있습니다.)

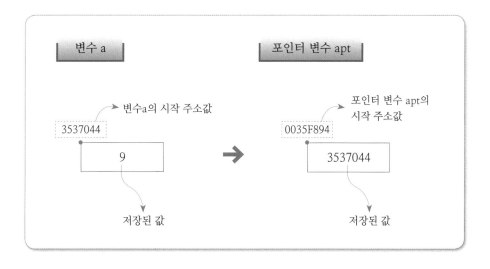

이번 프로그램은 이해가 필요하므로 조금 더 집중해서 보시기 바랍니다.

```
19  *apt = 10;        //포인터 변수 apt에  10을 저장
20  printf("a의 주소 = %d, a의 저장값 = %d \n", &a, a);
21  printf("apt의 주소 = %p, apt의 저장값 = %d \n \n ", apt, apt);
```

19번 행은 정수형 포인터 변수 apt에 10 값을 저장하라는 명령어 줄입니다. 정확하게 설명하자면, "apt 포인터 변수에 저장된 주소값으로 이동해서 해당 주소값의 내용을 10으로 저장하시오"라는 뜻입니다. 20번 행은 변수 a의 주소값과 저장된 값을 출력하라는 뜻입니다. 21번 행은 포인터 변수 apt의 주소값과 저장된 값을 출력하라는 명령어 줄입니다.

두 행은 앞에서 설명한 10, 11번 행과 동일합니다. 이해를 돕기 위하여 그림으로 포인터 변수에 값을 저장할 경우 어떻게 a변수의 값이 변화하는지 알아보겠습니다.

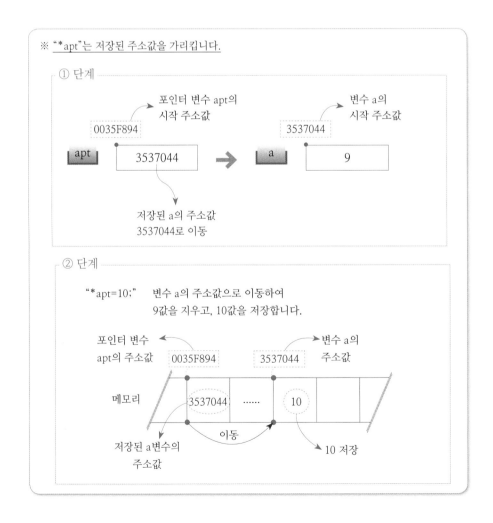

4.2 구조체와 공용체를 활용해 봅시다!

 4.2.1 데이터의 집합을 다루는 구조체

우리는 앞에서 배열은 한 가지 자료형(int, char 등)의 집합이라는 것을 배웠습니다. 하지만 실생활에서 사용하는 정보는 여러 가지 자료형의 모임인 경우가 많습니다. 예를 들어 편의점에서 파는 과자를 보면, 과자 이름은 문자형, 가격은 숫자형 등 다양한 자료형이 쓰이는 사실을 쉽게 알 수 있습니다. 따라서 이제부터는 C언어의 자료형을 간단하게 알아보고 파생형 자료형인 구조체의 정의와 사용법을 다루겠습니다.

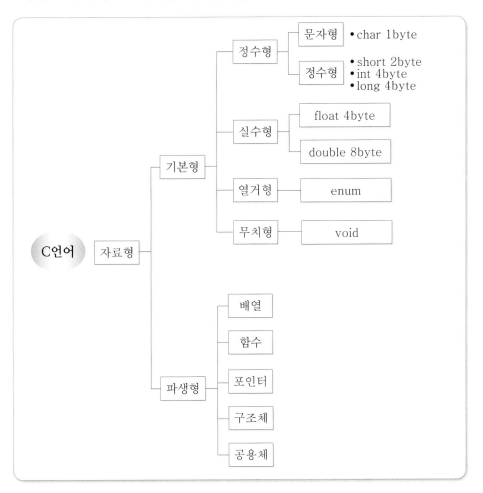

C언어의 자료형은 크게 기본형과 파생형으로 나눌 수 있으며, 기본형에는 정수형, 실수형, 열거형, 무치형으로 파생형은 배열, 함수, 포인터, 구조체, 공용체 등으로 세분화 하여 나눌 수 있습니다.

가. 무엇이든 담을 수 있는 구조체

구조체는 자료형이 다른 하나 이상의 변수를 묶어서 새로운 자료형을 정의하는 것을 말합니다. 구조체로 새로운 자료형을 정의하면 기본 자료형을 사용하는 것과 똑같은 방법으로 프로그램 안에서 사용이 가능합니다.

구조체는 형식이 다른 자료를 모아서 정의할 수 있기 때문에 특정 대상을 묶어서 표현할 때 많이 쓰입니다. 예를 들어 책에 포함되어 있는 책 제목, 저자, 가격, 페이지 수 등 정보를 book_info라는 구조체로 정의하면 쉽고 편리하게 책에 대한 정보를 묶어서 관리할 수 있을 것입니다.

① 구조체 정의하기
구조체를 정의할 때는 아래와 같은 형식을 사용합니다.

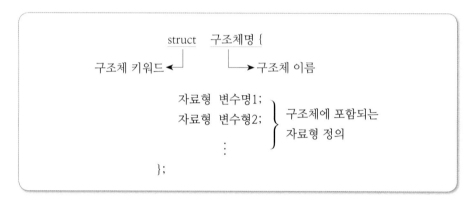

아래는 book_info라는 구조체를 선언한 실제 예와 그림 설명입니다.

프로그램

```
1    struct book_info {
2        char title[50];
3        char writer[20];
4        int price;
5        int page;
6    }
```

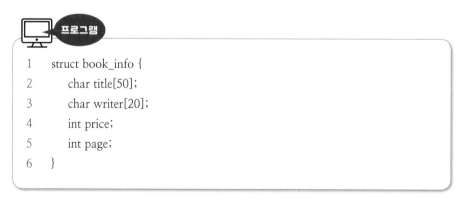

② 구조체 변수 선언하기

구조 정의를 완료한 후에 구조체를 사용하기 위해서는 다른 자료형과 마찬가지로 구조체 형식으로 변수를 선언해야 합니다.

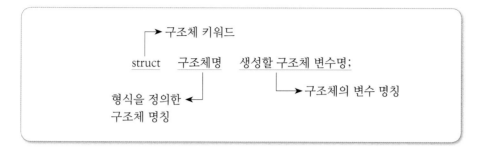

아래는 "book_info"로 정의한 구조체를 book_var 이라는 명칭으로 "book_info" 구조체 형식의 변수를 선언한 실제 예입니다.

```
1
2    struct book_info book_var ;   // book_info 형 변수 book_var 선언
3
```

구조체 선언과 동시에 정의한 구조체 변수 선언을 동시에 할 수도 있으며, 나중에 다시 추가도 가능합니다.

```
1    struct book_info {
2
3        char title[50];
4        char writer[20];
5        int price;
6        int page;
7
8    } book_var;      // book_info 구조체 자료형식 정의와 동시에 변수 선언
9
10
11   struct book_info book_var2; // book_info 형식의 "book_ver2" 변수 추가 선언
12
```

나. 구조체 사용 설명

앞에서는 구조체를 정의하고 정의한 구조체 변수를 선언하는 법을 배웠습니다 이번에는 구조체 변수에 값을 저장하고, 저장한 값을 가져오는 방법에 대하여 알아보겠습니다.

① 구조체 변수에 값 넣기

구조체는 여러 개의 자료형 변수로 이루어져 있기 때문에 구조체 안의 특정 변수를 지정한 후, 정보를 저장해야 합니다. 구조체 안의 특정 변수에 접근 할 때는 "."을 사용합니다. 예를 들어 book_info 안의 title 변수에 접근하려면, "book_info.title"로 만들어야 합니다. 이해를 돕기 위하여 book_info 구조체를 사용하여 값을 넣는 예를 들어 보겠습니다.

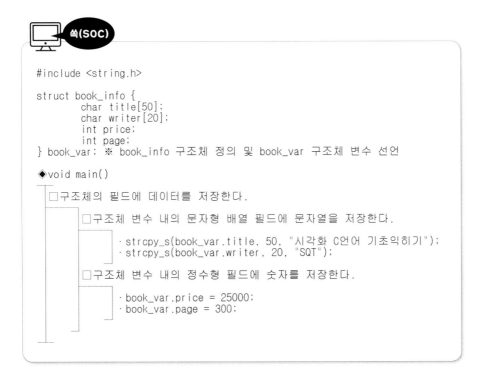

```
#include <string.h>

struct book_info {
        char title[50];
        char writer[20];
        int price;
        int page;
} book_var; ※ book_info 구조체 정의 및 book_var 구조체 변수 선언

◆void main()

   □구조체의 필드에 데이터를 저장한다.

      □구조체 변수 내의 문자형 배열 필드에 문자열을 저장한다.

         · strcpy_s(book_var.title, 50, "시각화 C언어 기초익히기");
         · strcpy_s(book_var.writer, 20, "SQT");

      □구조체 변수 내의 정수형 필드에 숫자를 저장한다.

         · book_var.price = 25000;
         · book_var.page = 300;
```

프로그램

```
1    #include <string.h>
2
3    struct book_info {
4            char title[50];
5            char writer[20];
```

```
6               int price;
7               int page;
8      } book_var; // book_info 구조체 정의 및 book_var 구조체 변수 선언
9
10     void main() {
11
12         //.구조체의 필드에 데이터를 저장한다.
13         {
14
15             //.구조체 변수 내의 문자형 배열 필드에 문자열을 저장한다.
16             {
17                 strcpy_s(book_var.title, 50, "시각화 C언어 기초익히기");
18                 strcpy_s(book_var.writer, 20, "SQT");
19             }
20
21             //.구조체 변수 내의 정수형 필드에 숫자를 저장한다.
22             {
23                 book_var.price = 25000;
24                 book_var.page = 300;
25             }
26         }
27     }
```

17번 행은 book_var 구조체 변수의 title 요소에 "시각화 C언어 기초 익히기"라는 문자열을 저장하는 구문이며, 18번 행도 book_var 구조체 변수의 writer 요소에 "SQT"라는 문자열을 저장하는 문장입니다.

그리고 23번 행은 book_var 구조체 변수의 price 요소에 정수값 25000을 저장하는 문장이며, 24번 행은 book_var 구조체 변수의 page 요소에 정수값 300을 저장하라는 뜻입니다.

참고로 17, 18번 행에 사용한 strcopy_s 함수는 첫 번째 인수값의 변수에 두 번째 문자열을 저장하는 함수이며, "string.h" 헤더 파일이 정의하여 가지고 있습니다. 따라서 strcopy_s 함수를 사용하기 위해서는 먼저 string.h 헤더 파일을 포함해(include)주어야 합니다.

② 구조체 변수의 값 가져오기

　　구조체에 저장된 변수의 값을 가져오는 방법도 값을 저장하는 방법과 비슷합니다. 먼저 값을 저장할 변수를 선언하고 "."을 사용하여 구조체 안의 특정 요소를 선택하여 구조체의 값을 넣어주면 새로 생성한 변수에 값을 저장할 수 있습니다.

　　주의할 점은 값을 입력 받기 위하여 새로 생성한 변수의 자료형과 구조체 요소의 자료형이 같아야 값을 정확하게 저장할 수 있습니다. 아래의 예를 보겠습니다.

쏙(SOC)

```
#include <stdio.h>
#include <string.h>

struct book_info {

char title[50];
char writer[20];
int price;
int page;
}
book_var;          ※ book 구조체 자료형식 정의와 동시에 변수 선언

◆void main()

  □구조체 변수의 값을 처리한다.

      · char title_add[50];       ※문자형 배열변수 선언
      · char writer_add[20];      ※문자형 배열변수 선언
      · int price_add;            ※정수형 변수 선언
      · int page_add;             ※정수형 변수 선언

      □구조체 변수에 값을 저장한다.

          · strcpy_s(book_var.title, 50, "시각화 C언어 기초익히기");
          · strcpy_s(book_var.writer, 20, "SQT");
          · book_var.price = 25000;
          · book_var.page = 300;

      □선언된 변수에 구조체의 값을 입력한다.

          · strcpy_s(title_add, 50, book_var.title);
          · strcpy_s(writer_add, 20, book_var.writer);
          · price_add = book_var.price;
          · page_add = book_var.page;
```

프로그램

```
1    #include <stdio.h>
2    #include <string.h>
3
4    struct book_info {
```

```
5
6      char title[50];
7      char writer[20];
8      int price;
9      int page;
10    }
11    book_var;        // book 구조체 자료형식 정의와 동시에 변수 선언
12
13    void main() {
14
15       //.구조체 변수의 값을 처리한다.
16       {
17         char title_add[50];        // 문자형 배열변수 선언
18         char writer_add[20];      // 문자형 배열변수 선언
19         int price_add;             // 정수형 변수 선언
20         int page_add;             // 정수형 변수 선언
21
22         //.구조체 변수에 값을 저장한다.
23         {
24           strcpy_s(book_var.title, 50, "시각화 C언어 기초익히기");
25           strcpy_s(book_var.writer, 20, "SQT");
26           book_var.price = 25000;
27           book_var.page = 300;
28         }
29
30         //.선언된 변수에 구조체의 값을 입력한다.
31         {
32           strcpy_s(title_add, 50, book_var.title);
33           strcpy_s(writer_add, 20, book_var.writer);
34           price_add = book_var.price;
35           page_add = book_var.page;
36         }
37       }
38    }
```

04 나도 이제 C언어 프로그래머

32번 행과 33번 행은 각각 title_add 변수와 writer_add 변수에 book_var 구조체 변수의 title 요소값과 writer 요소값을 입력하는 문장입니다. 그리고 34, 35번 행은 위에서 선언한 price_add 변수와 price_add 변수에 book_var 구조체 변수의 price 요소값과 page 요소값을 입력하는 문장입니다.

한 가지 더 주의할 점은 컴파일러는 프로그램을 위에서 아래로 순차적으로 읽으면서 컴파일 하기 때문에 반드시 구조체는 main함수 위에서 선언하여야 합니다.

③ 구조체 선언부터 출력까지 해보기

앞에서 배운 내용을 가지고 구조체의 선언부터 구조체에 저장된 내용을 출력하는 프로그램을 작성하여 실행 결과를 확인해보겠습니다.

```
#include <stdio.h>
#include <string.h>

struct book_info {
char title[50];
char writer[20];
int price;
int page;
} book_var;    ※ book_info 구조체 정의 및 book_var 구조체 변수 선언

◆void main()

 □구조체의 필드에 데이터를 저장 처리한다.

   □구조체 변수 내의 필드에 데이터를 저장한다.

    · strcpy_s(book_var.title, 50, "시각화 C언어 기초익히기");
    · strcpy_s(book_var.writer, 20, "SQT");
    · book_var.price = 25000;
    · book_var.page = 300;

   □구조체 변수 내의 필드에 저장된 데이터를 출력한다.

    · printf("책 제목(title)  = %s ₩n", book_var.title);
    · printf("책 지은이(writer) = %s ₩n", book_var.writer);
    · printf("책 가격(price)  = %d ₩n", book_var.price);
    · printf("책 페이지수(page) = %d ₩n", book_var.page);
```

```
1     #include <stdio.h>
2     #include <string.h>
3
4     struct book_info {
5     char title[50];
6     char writer[20];
7     int price;
8     int page;
9     } book_var;  // book_info 구조체 정의 및 book_var 구조체 변수 선언
10
11    void main() {
```

```
12
13    //.구조체의 필드에 데이터를 저장 처리한다.
14    {
15
16      //.구조체 변수 내의 필드에 데이터를 저장한다.
17      {
18        strcpy_s(book_var.title, 50, "시각화 C언어 기초익히기");
19        strcpy_s(book_var.writer, 20, "SQT");
20        book_var.price = 25000;
21        book_var.page = 300;
22      }
23
24      //.구조체 변수 내의 필드에 저장된 데이터를 출력한다.
25      {
26        printf("책 제목(title)  = %s \n", book_var.title);
27        printf("책 지은이(writer) = %s \n", book_var.writer);
28        printf("책 가격(price)  = %d \n", book_var.price);
29        printf("책 페이지수(page) = %d \n", book_var.page);
30      }
31    }
32  }
```

▶ 실행 결과

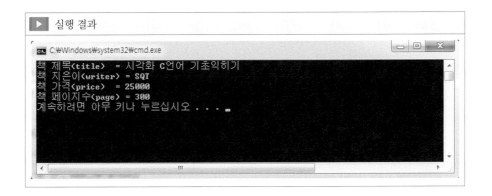

```
C:\Windows\system32\cmd.exe
책 제목(title)  = 시각화 C언어 기초익히기
책 지은이(writer) = SQT
책 가격(price)  = 25000
책 페이지수(page) = 300
계속하려면 아무 키나 누르십시오 . . . .
```

   프로그램을 작성해서 실행해 보고 결과가 잘 출력되는지 점검한 후에 프로그램을 조금 변경
할 경우 어떻게 결과가 바뀌는지 확인해 보십시오.

4.2.2 데이터 공간을 겹쳐서 나눠 쓰는 공용체

구조체는 예를 들어서 각각 문자형, 정수형, 배정도 실수형인 변수를 포함하여 선언한다고 할 때, 문자형(char) 1바이트, 정수형(int) 4바이트, 배정도 실수형(double) 8바이트의 공간을 각각 메모리에서 확보하여 총 13바이트의 공간을 차지합니다. 이렇게 하면 메모리를 차지하는 데이터의 관리를 명확하게 해 줄 수 있습니다. 그러나 때로는 메모리를 보다 효율적으로 사용해야 하는 경우가 생길 수 있습니다. 이 경우에는 공용체를 선언하여 사용합니다.

좀 더 구체적으로 설명하면, 메모리 단위를 바이트(byte: 1 byte는 8 bits) 단위로 생각할 때, 위에서 설명한 변수의 예를 가지고 각각 구조체(struct)와 공용체(union)로 선언하는 경우에 차지하는 메모리의 크기를 그림으로 나타내면 다음과 같습니다.

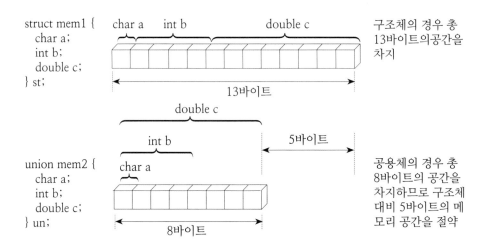

위의 그림을 통해서 알 수 있듯이, 구조체의 경우에는 구조체 멤버로 선언된 문자형 변수 a, 정수형 변수 b, 배정도 실수형 변수 c가 각각 1바이트, 4바이트, 8바이트씩의 메모리 공간을 차지하여 총 13바이트의 메모리 공간을 필요로 합니다. 하지만 공용체의 경우는 멤버 중에서 크기가 가장 큰 변수의 영역을 기준으로 각 멤버 변수형의 유형에 따라 필요한 공간을 공유하여 사용합니다. 그렇기 때문에 위의 예에서는 배정도 실수형 c변수를 기준으로 8바이트의 공간만 확보하며, 다른 멤버 변수들은 각자가 가진 데이터 유형에 따라 메모리 공간을 겹쳐서 공유합니다. 따라서 구조체 mem1에 비해서 공용체 mem2는 5바이트의 메모리 공간을 절약할 수 있습니다.

그러나, 최근에는 컴퓨터의 사양이 워낙 좋아진 관계로 약간의 메모리 절약을 하기보다는 오히려 메모리 관리를 잘 하는 것이 더 중요한 시대가 되었습니다. 따라서, 공용체처럼 메모리를 겹쳐서 공유하는 방식은 메모리 관리를 어렵게 하는 요인이 되어 바람직하지 않습니다.

따라서 본서에서는 공용체는 프로그램 실습에서 빼기로 하겠습니다. 그럼에도 불구하고 아무런 문제가 없습니다. 왜냐하면, 공용체는 선언하는 곳에서 union이라는 키워드를 쓰는 것만 다를 뿐 사용법은 구조체와 동일하기 때문입니다.

4.3 매크로와 열거형으로 창조하는 기쁨

4.3.1 전처리를 지원하는 매크로

이번 절에서는 컴파일보다 먼저 변환되는 단순 매크로와 함수 매크로에 대하여 알아 보겠습니다.

가. 매크로가 뭐지요? 도와 주세요~

우리는 앞 장에서 고급 언어로 작성한 프로그램을 컴퓨터가 이해할 수 있도록 변환해야 한다고 배웠습니다. 그리고 컴퓨터가 실행이 가능한 실행 파일로 변환하는데 전처리기(Preprocessor), 컴파일러(Compoler), 어셈블러(Assembler), 링커(Linker)의 과정을 거친다는 것을 알고 있습니다. 그 중에서 매크로와 연관된 건 전처리기(Preprocessor)입니다. 소스코드를 컴퓨터가 실행 가능한 실행 파일로 변경하는 과정은 다음과 같습니다.

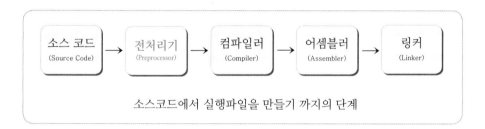

소스코드에서 실행파일을 만들기 까지의 단계

소스 코드를 실행 파일로 변환하는 단계 중에서 전처리기 (Preprocessor)를 사용하는 단계에서 매크로를 실행합니다. 전처리기는 컴파일을 수행하기 전에 컴파일러가 소스를 잘 읽고 처리할 수 있도록 소스 파일을 관리하는 프로그램입니다.

프로그램을 작성할 때 "#define", "#include" 등의 전처리기 지시어를 사용하면 전처리기는 컴파일 전에 전처리 지시어의 의미에 따라 소스 파일을 처리합니다. 프로그램의 맨 위쪽에 "#include 〈stdio.h〉"라고 나타나 있는 것을 많이 보았을 것입니다. 그 뜻을 알아보면, "#include"라는 전처리기 지시어는 컴파일 전에 파일을 포함하라는 뜻을 가집니다. 따라서 "#include 〈stdio.h〉"문장을 만나면 전처리기는 파일 입·출력 관련 함수를 사용하기 위하여 함수 원형(Prototype)들이 담긴 헤더 파일인 "stdio.h" 파일을 컴파일 작업을 수행하기 전에 불러와서 소스의 상단에 입력합니다.

그런데 왜 "#include" 같은 지시어를 사용할까요? 정답은 소스 코드를 단순화하기 위해서입니다. "stdio.h"라는 파일에는 매우 많은 문장이 담겨 있습니다. 따라서 소스 코드 안에 그 문장을 모두 써 넣으면 프로그램이 너무 복잡해져 해독이 어려울 것입니다. 그래서 사용자가 "#include 〈stdio.h〉"라고 한 줄을 써넣습니다. 그렇게 하면 전처리기가 알아서 컴파일 전에 해당 파일을 소스에 포함시키는 일을 하도록 처리합니다.

그러면, 다른 전처리 지시어에는 어떤 것들이 있으며, 어떤 뜻을 가지고 있을까요? 이해를 돕기 위해 아래에 정리하여 표로 나타내었습니다.

전처리 지시어	지시어 설명
#define	매크로 정의 문장의 시작을 나타냅니다.
#include	#include 뒤에 지정한 파일을 포함한다는 의미입니다.
#undef	매크로 정의를 해제한다는 뜻입니다.
#if	매크로의 조건이 참일 경우 아래의 문장을 컴파일 하라는 의미입니다.
#else	#if 조건이 거짓일 경우 아래의 문장을 컴파일 하라는 의미입니다.
#ifndef	#ifndef에 지정된 매크로가 소스의 처음에 정의되어 있으면 컴파일에 포함시키라는 뜻입니다.
#line	행 번호를 출력하라는 전처리 지시어입니다.

 알아두기

헤더 파일(Header File)이란?

　헤더 파일은 일종의 메뉴판이라고 생각할 수 있습니다. 여러분이 필요한 요리(함수) 목록과 같으니까요. 메뉴판을 프로그램의 맨 꼭대기에 대기시켜 놓고 요리(함수)가 필요할 때마다 선택해서 사용합니다. 그럼 헤더 파일 안은 어떻게 생겼을까요?

　메뉴판처럼 사용이 가능한 함수의 원형이 나열되어 있습니다. 그리고 메뉴판에서 요리를 시키면 주방에서 요리를 만들어서 나오는 것과 같이 헤더 파일 안에 있는 함수의 기능이 담긴 내용은 다른 파일에 저장되어 있습니다. 그러다가 컴파일 시에 실행파일로 포함됩니다. 그런 이유로 헤더 파일을 메뉴판과 비슷하다고 설명한 것입니다.

나. 간단한 매크로 사용법

이제는 간단한 매크로를 어떻게 사용하는지 배워보겠습니다. 먼저, 매크로는 숫자 상수를 기호 상수로 만들 수 있습니다. 잘 모르시는 분도 있지요~ 우선 아래의 프로그램을 보기로 하지요.

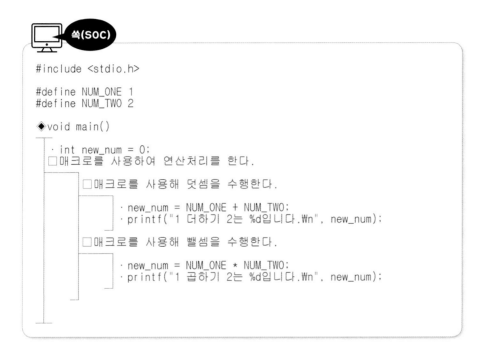

쏙(SOC)

```
#include <stdio.h>

#define NUM_ONE 1
#define NUM_TWO 2

◆void main()

 · int new_num = 0;
 □매크로를 사용하여 연산처리를 한다.

    □매크로를 사용해 덧셈을 수행한다.

       · new_num = NUM_ONE + NUM_TWO;
       · printf("1 더하기 2는 %d입니다.\n", new_num);

    □매크로를 사용해 뺄셈을 수행한다.

       · new_num = NUM_ONE * NUM_TWO;
       · printf("1 곱하기 2는 %d입니다.\n", new_num);
```

프로그램

```
1    #include 〈stdio.h〉
2
3    #define NUM_ONE 1
4    #define NUM_TWO 2
5
6    void main() {
7      int new_num = 0;
8
9      //.매크로를 사용하여 연산처리를 한다.
10     {
11
12       //.매크로를 사용해 덧셈을 수행한다.
13       {
14         new_num = NUM_ONE + NUM_TWO;
```

#define 이라는 전처리 지시어를 사용하여 '1'을 문자상수 'NUM_ONE'으로, '2'를 문자상수 'NUM_TWO'로 정의

```
15          printf("1 더하기 2는 %d입니다.₩n", new_num);
16      }
17
18      //.매크로를 사용해 뺄셈을 수행한다.
19      {
20        new_num = NUM_ONE * NUM_TWO;
21          printf("1 곱하기 2는 %d입니다.₩n", new_num);
22      }
23    }
24  }
```

'#define'이라는 전처리기 지시어가 수행하는 일을 한 번 보겠습니다. 먼저, 3번 행을 보면 '1'이라는 숫자 상수를 'NUM_ONE'이라는 문자 상수라고 정의한 내용이 있을 것입니다. 똑같은 방식으로 4번 행을 보면, '2'라는 숫자 상수를 'NUM_ONE'라는 문자 상수라고 정의하고 있습니다.

14번 행에서는 'new_num'이라는 정수형 변수에 'NUM_ONE'과 'NUM_TWO'를 더했습니다. 그리고 15번 행에서 더한 값을 출력하고 있습니다. 20, 21번 행이 어떻게 수행될지 여러분이 한번 생각해 보십시오.

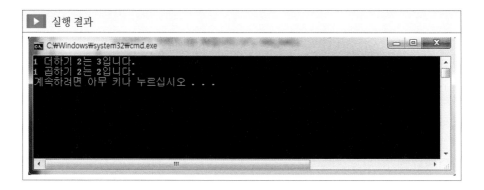

숫자 1, 2를 문자 상수 'NUM_ONE'과 'NUM_TWO'로 치환을 해도 프로그램에서 잘 계산하여 출력하는 것을 알 수 있습니다.

그러면, 전처리기가 어떻게 문자형 상수로 변환해서 컴파일러로 보내는지 알 수 있도록 전처리기가 작업을 수행한 결과를 한 번 보겠습니다.

```
1    #include <stdio.h>
2
3    #define NUM_ONE 1
4    #define NUM_TWO 2
5
6    void main() {
7      int new_num = 0;
8
9      //.매크로를 사용하여 연산처리를 한다.
10     {
11
12       //.매크로를 사용해 덧셈을 수행한다.
13       {
14         new_num = 1 + 2;
15         printf("1 더하기 2는 %d입니다.\n", new_num);
16       }
17
18       //.매크로를 사용해 뺄셈을 수행한다.
19       {
20         new_num = 1 * 2;
21         printf("1 곱하기 2는 %d입니다.\n", new_num);
22       }
23     }
24   }
```

14번 행을 보면 전처리기가 'NUM_ONE'을 '1'로 바꾸고 'NUM_TWO'를 '2'로 변환한 것을 알 수 있습니다.

그런데 "왜 이렇게 '#define'이라는 매크로를 사용하는 것일까요? 그냥 1과 2를 더하고 1과 2를 곱하는 것이 쉽지 않을까?" 라는 의문이 생길 수 있습니다. 하지만 매크로를 사용하는 이유는 많은 장점이 있기 때문입니다. 예를 들어 지금은 1과 2가 프로그램에 두 번씩 포함되어 있지만 만약에 1000번 정도 포함되어 있다고 생각해봅시다. 그 상태에서 '1'과 '2'의 값을 '3'과 '4'로 바꾸어야 하는 상황이 발생했다면, 어떻게 될까요? 매크로를 사용할 경우에는 숫자 상수를 '3'과 '4'로 변경하면 아래의 소스에 모두 반영되지만, 매크로를 사용하지 않을 경우에는 1000번씩 '3'과 '4'를 소스에서 모두 바꾸어 주어야 합니다.

이와 같이 매크로를 사용하면 숫자 상수를 한 번에 쉽게 변경할 수 있습니다. 또한, 숫자를 문자 상수로 변환해 주었기 때문에 프로그램을 쉽게 이해할 수 있습니다.

```
// 단순한 매크로 사용 예시

#define   PI           3.141592        // 원주율
#define   EOF          -1              // 파일의 끝 표시
#define   DIGITS       "1234567890"    // 문자 상수 정의
#define   INT_MAX      2147483647      // 4바이트 정수 최대 크기
#define   IS           ==              // '==' 연산자를 문자 상수로 정의
#define   ONE_CYCLE    360             // 한 바퀴가 360도
```

다. 매크로를 사용해서 만든 함수

  우리는 숫자를 기호 상수로 만드는 단순한 형태의 매크로를 배웠습니다. 그러면 매크로의
다른 기능은 없을까요? 물론 있습니다. 바로 함수 매크로입니다. 단순한 형태의 매크로보다
좀 더 복잡한 매크로 함수에 대하여 알아보겠습니다. 함수 매크로(Function-like macro)란
매크로가 함수처럼 인수를 가지고 있으면서, 기능을 수행하는 매크로를 말합니다.
  함수 매크로도 단순한 형식의 매크로처럼 프로그램의 맨 위에 정의해 주지만 전처리기가 프
로그램 안에 사용된 함수 매크로를 발견하면 매크로에 선언된 기능대로 변환합니다. 어렵지
요?
  그럼 아래 그림을 한 번 보시기 바랍니다.

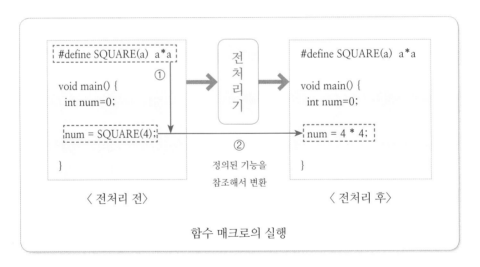

함수 매크로의 실행

  ①과 같이 단순한 형식의 매크로와 동일하게 프로그램의 맨 위에 매크로 함수를 정의합니
다. 프로그램을 실행하면, ②와 같이 전처리기가 정의된 매크로 기능을 참조해서 매크로 함수
를 치환합니다. 치환한 파일을 컴파일러에 넘겨주면 컴파일러가 실행파일로 변환합니다.

매크로 함수의 선언은 아래의 그림과 같이 먼저 '#define' 매크로 전처리 지시어를 쓰고, 나중에 매크로 함수명과 인수값을 적습니다. 그리고 마지막으로 함수 기능을 정의합니다. 주의할 점은 문장의 마지막에 세미콜론(;)을 찍지 않는다는 것입니다.

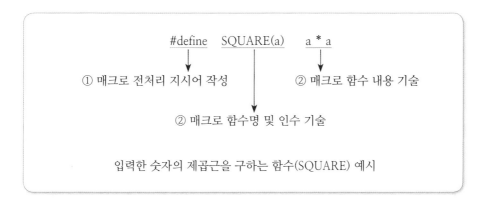

입력한 숫자의 제곱근을 구하는 함수(SQUARE) 예시

제곱근 매크로 함수를 배웠으니 간단한 문제를 풀어보겠습니다. 아래에 작성한 프로그램의 제곱근의 결과값을 어떻게 출력할지 생각해 보시기 바랍니다.

프로그램

```
1    #include <stdio.h>
2
3    #define SQUARE(a) a*a
4
5    void main() {
6      int new_num = 0;
7
8      //.매크로 함수를 사용하여 처리한다.
9      {
10       new_num = SQUARE(2+2);
11       printf("입력한 제곱근 값은 %d입니다.\n", new_num);
12     }
13   }
```

"2+2"는 4이므로 4의 제곱근 '16'이 출력될 것이라고 생각하셨나요? 과연 그렇게 될까요? 그러면 실행 결과를 보도록 하겠습니다.

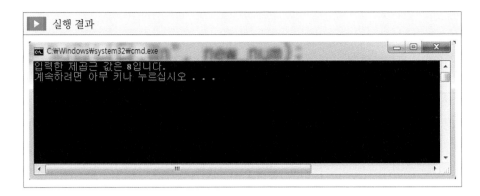

제곱근의 값이 '8'이 출력되었습니다. 왜 이런 결과가 나왔을까요? 그 이유는 연산자 우선 순위때문입니다. SQUARE 매크로 함수의 내용에 괄호를 넣어주지 않아서 발생한 오류입니다. "#define SQUARE(a) a*a" 라고 정의한 경우, SQUARE(2+2)는 (2+2 *2+ 2)로 전처리기가 변환합니다. 그러면 연산자 우산순위에 의해서 곱하기가 먼저 계산이 되므로 '2 + 4 +2'로 계산되고 결과 값이 '8'이 출력된 것입니다. 제곱근을 올바르게 계산하려면 어떻게 매크로 함수를 바꾸어 주어야 할까요?

SQUARE 매크로 함수의 내용에 괄호를 넣어서 "#define SQUARE(a) (a)*(a)"으로 다시 매크로 함수를 만들어주면 정확하게 제곱근 값을 계산할 수 있습니다.

SQUARE(2+2) 문장이 '((2+2) * (2+2))'로 변환되기 때문에 4의 제곱근 값인 16을 정확하게 출력할 수 있습니다.

수정한 프로그램과 실행화면을 확인해보겠습니다.

쏙(SOC)

```
#include <stdio.h>

#define SQUARE(a) (a)*(a)

◆void main()

 ·int new_num = 0;
 □매크로 함수를 사용하여 처리한다.

      ·new_num = SQUARE(2+2);
      ·printf("입력한 제곱근 값은 %d입니다.\n", new_num);
```

```
1     #include <stdio.h>
2
3     #define SQUARE(a) (a)*(a)
4
5     void main() {
6       int new_num = 0;
7
8       //.매크로 함수를 사용하여 처리한다.
9       {
10        new_num = SQUARE(2+2);
11        printf("입력한 제곱근 값은 %d입니다.\n", new_num);
12      }
13    }
```

▶ 실행 결과

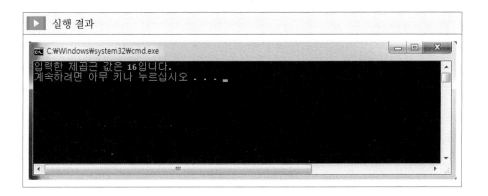

매크로 함수를 제작할 때에는 함수의 내용에 반드시 괄호를 잘 넣어서 작성해야 정확하게 함수가 기능을 수행합니다.

4.3.2 나열 가능한 데이터를 쉽게 처리하기 위한 열거형

이번 절에서는 나열하여 처리 가능한 데이터를 알기쉬운 이름으로 정의하여 처리할 수 있는 열거형에 대해서 다루겠습니다.

가. 열거형(enum)도 필요하답니다! ^^

예를 들어서, 일요일부터 토요일까지의 데이터를 나열하여 처리한다고 생각해보지요. 우리는 일요일을 0, 월요일을 1, 화요일을 2, 수요일을 3, 목요일을 4, 금요일을 5, 토요일을 6과 같이 번호를 나열하는 형태로 정의할 수 있습니다. 그런 후 0을 보면 일요일이라고 인식하고, 3을 보면 수요일이라고 인식하는 식으로 처리할 수 있습니다. 이런 데이터를 열거형 데이터 (Enumerated Data)라고 합니다.

하지만 열거형 데이터를 숫자 형태로 처리한다면 일반 숫자와 혼동하여 프로그램을 이해하는 것이 어려워지고, 오류를 발생시킬 확률이 높아집니다. 이때 열거하는 숫자를 어떤 의미를 가지는 단어로 인식할 수 있도록 변환처리를 한다면 아주 편리할 것입니다. 이러한 경우에 열거형(enum) 변수의 선언을 통한 열거형 데이터의 사용이 아주 필요합니다.

① 열거형 정의하기

열거형을 정의할 때는 아래와 같은 형식을 사용합니다.

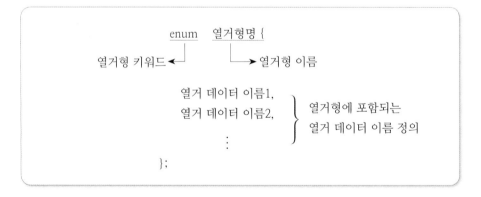

아래는 day라는 이름의 열거형을 선언한 실제 예와 그림 설명입니다.

프로그램

```
1    enum day {
2        sun, mon, tue, wed, thu, fri, sat
3    };
```

열거형 day 구조	0	1	2	3	4	5	6
	SUN	MON	TUE	WED	THU	FRI	SAT

② 열거형 변수 선언하기

열거형 정의를 완료한 후에 열거형을 사용하기 위해서는 다른 자료형과 마찬가지로 열거형 형식으로 변수를 선언해야 합니다.

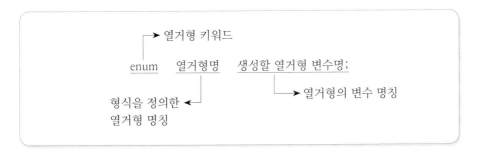

아래는 "day"로 정의한 열거형을 day_var 이라는 명칭으로 "day" 열거형 형식의 변수를 선언한 실제 예입니다.

프로그램

```
1
2    enum day day_var ;   // day 형 변수 day_var 선언
3
```

열거형 선언과 동시에 정의한 열거형 변수 선언을 동시에 할 수도 있으며, 나중에 다시 추가도 가능합니다.

프로그램

```
1    enumt day {
2        sun, mon, tue, wed, tue, fri, sat
3    } day_var;       // day 열거형 자료형식 정의와 동시에 변수 선언
4
5    enum day_var2; // day 형식의 "day_var2" 변수 추가 선언
6
```

155

나. 열거형 사용 설명

앞에서는 열거형을 정의하고 정의한 열거형을 가지고 변수를 선언하는 법을 배웠습니다 이 번에는 열거형 변수를 사용하여 열거형 데이터를 처리하는 방법에 대하여 알아보겠습니다. 요일을 처리하는열거형 변수를 사용하는 프로그램의 예를 들면 다음과 같습니다.

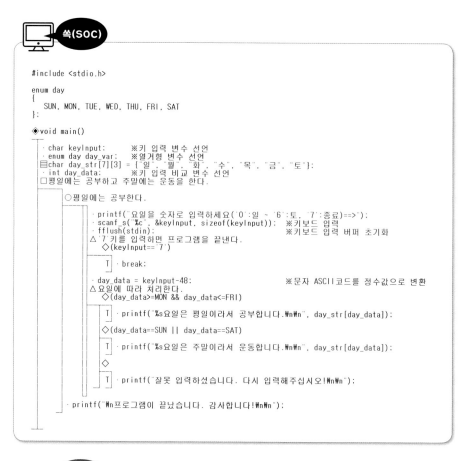

쏙(SOC)

```
#include <stdio.h>

enum day
{
    SUN, MON, TUE, WED, THU, FRI, SAT
};

◆void main()
 · char keyInput;          ※키 입력 변수 선언
 · enum day day_var;       ※열거형 변수 선언
 ▤char day_str[7][3] = {"일", "월", "화", "수", "목", "금", "토"};
 · int day_data;           ※키 입력 비교 변수 선언
 □평일에는 공부하고 주말에는 운동을 한다.

         ○평일에는 공부한다.
          · printf("요일을 숫자로 입력하세요('0':일 ~ '6':토, '7':종료)==>");
          · scanf_s("%c", &keyInput, sizeof(keyInput));  ※키보드 입력
          · fflush(stdin);                               ※키보드 입력 버퍼 초기화
          △'7'키를 입력하면 프로그램을 끝낸다.
            ◇(keyInput=='7')

            T · break;

          · day_data = keyInput-48;                     ※문자 ASCII코드를 정수값으로 변환
          △요일에 따라 처리한다.
            ◇(day_data>=MON && day_data<=FRI)

            T · printf("%s요일은 평일이라서 공부합니다.\n\n", day_str[day_data]);

            ◇(day_data==SUN || day_data==SAT)

            T · printf("%s요일은 주말이라서 운동합니다.\n\n", day_str[day_data]);

            ◇

            T · printf("잘못 입력하셨습니다. 다시 입력해주십시오!\n\n");

       · printf("\n프로그램이 끝났습니다. 감사합니다!\n\n");
```

프로그램

```
1    #include <stdio.h>
2
3    enum day
4    {
5        SUN, MON, TUE, WED, THU, FRI, SAT
6    };
7
8    void main() {
```

```
9      char keyInput;      // 키 입력 변수 선언
10     enum day day_var;   // 열거형 변수 선언
11     char day_str[7][3] = {"일", "월", "화", "수", "목", "금", "토"};
12     int day_data;       // 키 입력 비교 변수 선언
13
14     //.평일에는 공부하고 주말에는 운동을 한다.
15     {
16
17        //.평일에는 공부한다.
18        for (;;) {
19          printf("요일을 숫자로 입력하세요('0':일 ~ '6':토, '7':종료)==>");
20          scanf_s("%c", &keyInput, sizeof(keyInput));  // 키보드 입력
21          fflush(stdin);                   // 키보드 입력 버퍼 초기화
22
23          //.'7'키를 입력하면 프로그램을 끝낸다.
24          if (keyInput=='7') {
25            break;
26          }
27          day_data = keyInput-48;        // 문자 ASCII코드를 정수값으로 변환
28
29          //.요일에 따라 처리한다.
30          if (day_data>=MON && day_data<=FRI) {
31            printf("%s요일은 평일이라서 공부합니다.\n\n", day_str[day_data]);
32          }
33          else if (day_data==SUN || day_data==SAT) {
34            printf("%s요일은 주말이라서 운동합니다.\n\n", day_str[day_data]);
35          }
36          else {
37            printf("잘못 입력하셨습니다. 다시 입력해주십시오!\n\n");
38          }
39        }
40        printf("\n프로그램이 끝났습니다. 감사합니다!\n\n");
41     }
42   }
43
```

3번~6번 행은 day 열거형을 선언하는 부분입니다.

10번 행은 day 열거형을 가지고 day_var 열거형 변수를 선언하는 부분입니다.

11번 행은 2차원 배열로서 나중에 출력할 문자열을 저장하는 부분입니다.

프로그램을 실행시키면 우선 18번~39번 행의 끝없는되풀이 제어구조를 반복합니다.

20번 행은 키보드 입력을 받는 부분입니다. 숫자 0~7번까지의 입력을 받되, 0~6은 요일을 나타내는 순서 문자로 받고, 7번은 프로그램 종료를 위한 식별자로 씁니다. 또한 0~7 이외의 글자를 키보드로 입력하면 기타 조건으로 간주합니다.

21번 행은 키보드 입력을 받는 부분을 초기화 하여 다시 다른 키보드 입력을 받을 수 있도록 해주는 부분입니다.

24번~26번 행은 키보드 입력 받은 문자가 '7'일 경우 되풀이 제어구조를 빠져나가도록 하는 부분입니다.

27번 행은 키보드에서 입력받은 문자에서 48을 빼어 비교 변수인 day_data 변수에 집어넣는 부분입니다. 여기서 약간 의문점이 생기실 수 있습니다. 예를 들어 숫자 '1'을 키보드에서 입력했다고 할 때, 48을 빼는 이유가 무엇일까 하는 것입니다. 그 이유는 간단합니다. 키보드에서는 숫자 '1'이 ASCII코드 문자로 인식하기 때문입니다. 따라서 숫자 모양 '1'을 입력할 경우 ASCII코드값인 49로 인식합니다. 우리의 목적은 숫자 입력받은 것을 그대로 비교하고자 하는 것이기 때문에 ASCII문자코드49에서 48을 빼면 1이 됩니다. 그것을 정수형으로 선언한 day_data 로 넣어주면 비로소 숫자로 인식할 수 있게 됩니다.

30번~32번 행은 월요일부터 금요일까지의 평일 처리를 해주는 부분입니다. 여기에서 MON과 FRI라는 열거형 데이터를 사용하여 비교를 합니다. MON은 숫자로 1이고 FRI는 숫자로 5이므로 크기를 비교하여 1~5번 사이인 월요일부터 금요일까지는 평일로 간주하여 처리합니다.

33번~35번 행은 일요일과 토요일의 주말 처리를 해주는 부분입니다. 여기에서 SUN과 SAT라는 열거형 데이터를 사용하여 비교를 합니다. SUN은 숫자로 0이고 SAT는 숫자로 6이므로 크기를 비교하여 0 또는 6인 일요일 또는 토요일을 주말로 간주하여 처리합니다.

36번~38번 행은 기타 조건으로 입력을 잘못받은 것으로 간주하여 처리합니다.

그렇게 되풀이 처리를 하다가 24번~26번 행에서 '7'을 입력받으면 루프를 빠져나가 프로그램의 실행이 끝났다는 메시지를 출력해준 후, 프로그램을 종료합니다.

▶ 실행 결과

4.4 일을 시킬 수 있는 서브 함수를 만드는 법

사실 우리는 앞 장에서 많은 함수들을 사용해왔습니다. 가장 많이 사용한 함수는 "printf()" 함수입니다. "priftf()"는 표준 입출력 함수(Standard Input/Output Function)로 "stdio.h" 헤더 파일에 등록되어 있습니다. 따라서 프로그램의 맨 상단에 "#include 〈stdio.h〉" 선언을 하여 포함시켜주면 프로그램에서 사용할 수 있습니다. 이러한 함수들이 없다면 우리는 "priftf()"와 같은 함수를 직접 만들어서 사용해야 합니다. 프로그램이 필요로 하는 여러 가지 기능을 직접 프로그래밍하지 않고 함수를 사용함으로써 복잡한 프로그램을 쉽고 단순한 구조로 작성할 수 있습니다.

이번 장에서는 함수를 정의하고 만드는 법과 함수의 사용법에 대하여 배워 보도록 하겠습니다.

4.4.1 함수의 개념과 호출 순서

함수는 정말 똑똑할까요?!
정답은 어떻게 함수를 만드는가에 달려있습니다. 여러분이 함수를 효율적으로 만들면 똑똑할 것이고, 그렇지 않다면 함수를 사용하지 않는 것이 더 나을 수 있습니다.

가. 함수란 무엇일까요?

함수를 간단하게 설명하면, 함수에서 필요한 값을 전달받아 함수 안에 프로그래밍 된 대로 처리하고 결과 값을 돌려주는 상자와 같습니다. 여기서 함수의 재료가 되는 입력 값을 "인수(Argument)"라고 하며, 돌려주는 값을 "리턴 값(Return Value)" 이라고 합니다.

두 수를 입력 받아 곱셈을 수행해서 결과 값을 돌려주는 multiply(멀티플라이)함수를 만들어 보도록 하겠습니다.

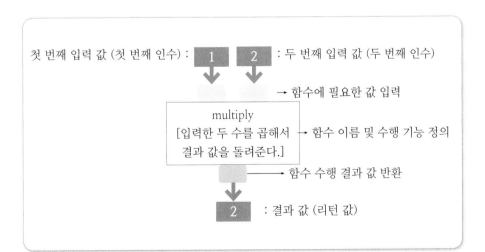

첫 번째 입력 값 (첫 번째 인수) : 1 2 : 두 번째 입력 값 (두 번째 인수)

→ 함수에 필요한 값 입력

multiply
[입력한 두 수를 곱해서 → 함수 이름 및 수행 기능 정의
결과 값을 돌려준다.]

→ 함수 수행 결과 값 반환

2 : 결과 값 (리턴 값)

04
나도 이제 C언어
프로그래머

나. 함수는 어떻게 생겼을까요?

함수의 생김새에 대하여 알아보기 위해 앞에서 정의한 multiply(멀티플라이) 함수를 C언어로 작성하면 어떤 모습인지 알아보겠습니다. multiply(멀티플라이) 함수를 프로그래밍 하면 아래와 같습니다.

```
  ┌──► 리턴 값의 자료형
  │            ┌──► 첫 번째 입력 값(첫 번째 인수 값)
  │            │
  int  multiply( int a,  int b ) {
      └──► 함수명      └──► 두 번째 입력 값(두 번째 인수 값)

      ┌─────────────────┐
      ┊ int sum =0;     ┊
      ┊ sum = a * b;    ┊──► 곱셈을 수행하는 함수의 몸통
      └─────────────────┘

      return sum;
          └──► 값을 돌려 주는 리턴 문(sum 값 리턴)
  }
```

좀 더 이해를 돕기 위하여 multiply 함수를 사용하여 2*3을 계산할 경우 어떻게 값을 치환하는지 확인해보겠습니다.

```
int  multiply( 2 , 3 ) {   // 인수 값으로 2와 3을 받음

    int sum = 0;        // 곱셈 결과 값 저장 변수
    6 = 2 * 3;          // 두 개의 인수를 받아 곱셈을 수행

    return  6;          // 곱셈 결과 6을 돌려줌(값 리턴)
}
```

위의 multiply() 함수 내용을 설명하면, multiply 함수가 2와 3의 인수 값을 전달 받아 곱셈을 수행하여 6을 만들고 계산 결과 값을 sum 변수에 담아서 결과 값으로 6을 되돌려 줍니다.

함수는 인수 값(받는 값)과 되돌려 주는 값(반환 값)을 가지지 않을 수도 있습니다. 그럼 인수 값과 리턴 값이 없는 함수를 한 번 만들어 보겠습니다. 예를 들면, 함수를 호출할 경우 "Goodby~ void"라고 출력하고 종료되는 경우입니다.

```
void  goodby(void ) {
                        ┌─→ 함수로 들어오는 인자값이 없음
      └─→ 리턴값이 필요 없음
    printf("Goodby~ void");   //"Goodby~ void" 문장 출력 함수

}
```

인수값과 리턴값이 없는 함수는 아래와 같이 작성할 수도 있습니다. "void"라는 키워드를 입력하지 않아도 컴파일러는 인수 및 리턴 값이 없는 것으로 인식합니다. 하지만 직관적으로 알 수 있도록 "void"를 써주는 것이 좋습니다.

```
goodby() {

        printf("Goodby~ void");   //"Goodby~ void" 문장 출력 함수

}
```

 알아두기

Java와 같은 객체지향 언어에서는 같은 이름을 가진 함수(메소드)를 여러 개 만들 수 있습니다. 이것을 오버로드(Overload)와 오버라이드(Override)라는 개념으로 나타냅니다. 하지만, C언어에서는 동일한 이름의 함수를 여러 개 만들 수 없습니다. 또한 함수명에 예약어인 키워드(프로그램에서 사용하는 if, void, return 등)와 같은 단어를 사용할 수 없습니다.

다. 함수를 어떤 순서로 호출할 수 있나요?

　C언어로 작성된 프로그램을 기계어(실행파일)로 변환하는 과정을 보고 보통 컴파일한다고 합니다. C언어의 컴파일러는 작성한 프로그램의 맨 위에서 부터 아래로 순차적으로 읽으면서 컴파일 작업을 수행합니다. (컴파일의 세부 과정은 앞에서 이미 배운 바와 같이 전처리기, 컴파일러, 어셈블러, 링커의 단계를 거치지만 이해를 돕기 위해 아래의 설명에서는 컴파일, 어셈블리, 링크 과정을 묶어 컴파일 과정으로 설명하였습니다.)

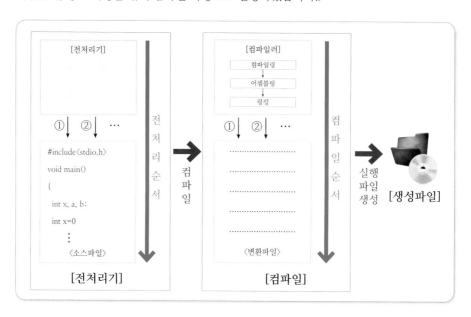

　함수의 호출 순서는 컴파일 순서와 동일합니다. 그 이유는 모든 C프로그램은 함수의 집합체이기 때문입니다. 즉 모든 프로그램이 main함수에서부터 시작합니다. 아래와 같이 작성한 프로그램은 컴파일 시에 에러가 발생할까요?

🖥️ **프로그램**

```
1    #include <stdio.h>
2
3    void main() {
4        int mult_num;
5        mult_num = multiply(2,3);
6        printf("2 * 3 값은 %d \n", mult_num);
7    }
8
9    int multiply(int a,int b) {
```

```
10     int sum =0;
11     sum = a * b;
12     return sum;
13   }
```

　프로그램을 컴파일(Ctrl+F5)하면 위에서 아래로 읽으면서 컴파일을 수행하기 때문에 main 함수에서 호출한 multiply(멀티플라이) 함수가 main함수 아래에 작성되어 있어서, 오류가 발생해야 하는데 출력창을 보면 "multiply가 정의되지 않았습니다." 라는 경고만 발생합니다.

　보통의 C 컴파일러는 오류가 발생하지만 우리가 사용하는 C 컴파일러는 자동으로 오류를 수정한 후에 컴파일을 수행했기 때문입니다. 그러면 경고 문구를 나타나지 않게 하려면 어떻게 해야 할까요?

▶ 실행 결과

　답은 2가지가 있습니다. 하나는 multiply(멀티플라이)함수를 main함수의 위에 정의하는 방법입니다. 그렇게 하면 오류는 물론 경고도 발생하지 않을 것입니다.

쏙(SOC)

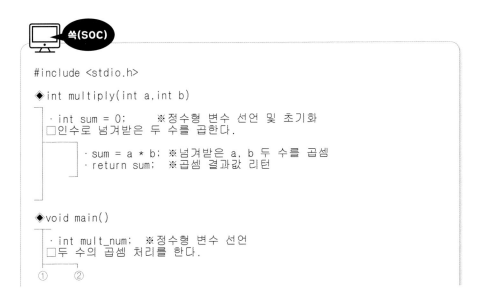

```
#include <stdio.h>

◆int multiply(int a,int b)

  · int sum = 0;    ※정수형 변수 선언 및 초기화
  □인수로 넘겨받은 두 수를 곱한다.

      · sum = a * b; ※넘겨받은 a, b 두 수를 곱셈
      · return sum; ※곱셈 결과값 리턴


◆void main()

  · int mult_num; ※정수형 변수 선언
  □두 수의 곱셈 처리를 한다.
  ①      ②
```

① ② □두 개의 정수를 곱셈한 결과를 얻는다.
　　　　■mult_num = multiply(2,3); ※두 개의 정수 곱셈
　　　□곱셈 결과를 출력한다.
　　　　·printf("2 * 3 값은 %d입니다.₩n", mult_num);

🖥 **프로그램**

```c
1    #include <stdio.h>
2
3    int multiply(int a,int b) {
4      int sum = 0;      // 정수형 변수 선언 및 초기화
5
6      //.인수로 넘겨받은 두 수를 곱한다.
7      {
8        sum = a * b;   // 넘겨받은 a, b 두 수를 곱셈
9        return sum;    // 곱셈 결과값 리턴
10     }
11   }
12
13   void main() {
14     int mult_num;   // 정수형 변수 선언
15
16     //.두 수의 곱셈 처리를 한다.
17     {
18
19       //.두 개의 정수를 곱셈한 결과를 얻는다.
20       {
21         mult_num = multiply(2,3);  // 두 개의 정수 곱셈
22       }
23
24       //.곱셈 결과를 출력한다.
25       {
26         printf("2 * 3 값은 %d입니다.₩n", mult_num);
27       }
28     }
29   }
```

▶ 실행 결과

C:\Windows\system32\cmd.exe

2 * 3 값은 6입니다.
계속하려면 아무 키나 누르십시오 . . .

프로그램을 위와 같이 변경한 다음 컴파일(Ctrl+F5)하면 경고 없이 실행파일이 생성되며 정상적으로 결과값을 출력할 것입니다. 하지만, main함수는 맨 처음에 실행하는 함수인데 함수들이 추가됨에 따라 main함수는 점점 프로그램의 맨 아래에 자리잡는 현상이 일어납니다. 그러면 프로그램을 순서대로 읽는 것이 어려워집니다.

그래서 생각해 낸 방안이 있습니다. 즉 main함수의 위에 어떤 함수를 쓸 것이라고 간단하게 한 줄로 작성하고 실제 함수의 몸통은 main함수에 두는 방안입니다.

사용자가 만든 함수의 모양을 "원형(prototype)"이라고 부르며, 함수의 원형을 main함수 위에 선언하는 방식을 사용하면, 간단하게 해결됩니다. 그럼 mutiply(멀티플라이)함수의 원형을 한번 보겠습니다.

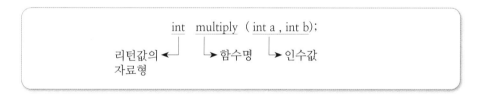

int   multiply (int a , int b);

리턴값의 ◄ ── ──► 함수명   ──► 인수값
자료형

함수의 원형은 함수 정의와 매우 비슷합니다. 함수를 정의하는 첫 번째 줄에서 대괄호("{") 기호 대신 문장의 끝을 나타내는 세미콜론(";")을 써주기만 하면 완성입니다.

주의할 점은 원형과 함수의 정의가 다를 경우에 컴파일 시에 오류가 발생한다는 사실입니다.

예를 들면 원형은 "char multiply(int a, int b);"로 쓰고 함수 정의는 "int multiply(int a, int b) {"로 작성했다면 원형의 리턴 값(char)과 함수 정의 부분의 리턴 값(int)이 다르기 때문에 컴파일 시에 오류가 발생합니다.

04
나도 이제 C언어
프로그래머

쏙(SOC)

```
#include <stdio.h>

int multiply(int a, int b);  ※multiply 함수의 프로토타입 선언

◆void main()

  · int mult_num;     ※정수형 변수 선언
  □두 수의 곱셈 처리를 한다.

      □두 개의 정수를 곱셈한 결과를 얻는다.

          ■mult_num = multiply(2, 3);  ※두 개의 정수 곱셈

      □곱셈 결과를 출력한다.

          · printf("2 * 3 값은 %d입니다.\n", mult_num);


◆int multiply(int a, int b)

  · int sum = 0;    ※정수형 변수 선언 및 초기화
  □인수로 넘겨받은 두 수를 곱한다.

      · sum = a * b;  ※넘겨받은 a, b 두 수를 곱셈
      · return sum;   ※곱셈 결과값 리턴
```

프로그램

```
1    #include <stdio.h>
2
3    int multiply(int a, int b); //multiply 함수의 프로토타입 선언
4
5    void main() {
6      int mult_num;     // 정수형 변수 선언
7
8      //.두 수의 곱셈 처리를 한다.
9      {
10
11       //.두 개의 정수를 곱셈한 결과를 얻는다.
12       {
13         mult_num = multiply(2, 3); // 두 개의 정수 곱셈
14       }
```

```
15
16      //.곱셈 결과를 출력한다.
17      {
18        printf("2 * 3 값은 %d입니다.\n", mult_num);
19      }
20    }
21  }
22
23
24  int multiply(int a, int b) {
25    int sum = 0;    // 정수형 변수 선언 및 초기화
26
27    //.인수로 넘겨받은 두 수를 곱한다.
28    {
29      sum = a * b;  // 넘겨받은 a, b 두 수를 곱셈
30      return sum;   // 곱셈 결과값 리턴
31    }
32  }
```

▶ 실행 결과

C언어로 프로그램을 작성할 경우, 반드시 "main()" 함수가 있어야 합니다. 기계어로 프로그램 변환을 시작할 경우 컴파일러가 처음 찾는 것이 바로 "main()" 함수입니다. "main()" 함수가 없으면 컴파일러가 기계어로 변환을 시작할 수 없습니다. "main()" 함수 선언 방법은 일반 함수의 선언방법과 동일하며, 다양한 main함수의 선언방법은 아래와 같습니다.

[리턴 값과 인수 값이 없는 main 함수]

```
main ()                          void main (void)
{                                {



}                                }
```

[리턴 값만 있는 main 함수]

```
int main ()                      char main (void)
{                                {
 return 0;                        return 'a';

}                                }
```

[인수 값만 있는 main 함수]

```
void   main (int argc)           void   main (int argc, char *argv[])
{                                {

}                                }
```

[리턴 값과 인수 값이 모두 있는 main 함수]

```
int   main (int argc, char *argv[])
{

   return 0;
}
```

main함수가 모든 함수의 왕이지만, 다른 프로그램에서 호출을 받는 경우에는 서브 함수가 되기도 합니다. 마치 중국집 사장님이 중국집에서는 왕이지만, 손님의 주문을 받을 때는 손님이 왕이 되는 것과 비슷합니다. 즉, 갑과 을은 언제나 상대적 개념입니다.

인수 값만 가지고 있는 main함수를 예로 들어 설명해보겠습니다.

C언어로 작성한 프로그램을 컴파일하여 실행 파일로 만든 후에 커맨드 실행창에서 실행을 시킬 때에 실행 파일의 뒤에 인수 값(Argument Value)을 넣을 수 있습니다. 변수 형태로 인수 값을 지정하는 것을 매개변수(Parameter)라고 부르기도 합니다.

아래의 프로그램은 실행 파일을 실행할 때에 입력한 인수 값의 개수를 출력하는 main함수 프로그램입니다.

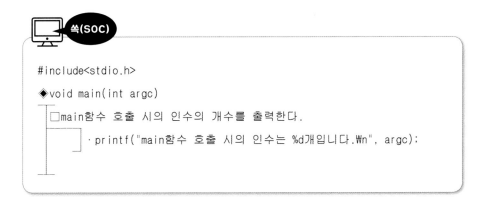

```
쏙(SOC)

#include<stdio.h>

◆void main(int argc)
    □main함수 호출 시의 인수의 개수를 출력한다.
        ·printf("main함수 호출 시의 인수는 %d개입니다.\n", argc);
```

```
프로그램

#include<stdio.h>

void main(int argc) {

    //.main함수 호출 시의 인수의 개수를 출력한다.
    {
        printf("main함수 호출 시의 인수는 %d개입니다.\n", argc);
    }
}
```

"시작→실행"을 선택한 후에 실행창이 나타나면, 열기 항목에 "cmd"를 입력하고 "확인" 버튼을 선택합니다. 명령 모드의 도스 창이 나타나면, 실행 파일이 있는 경로로 이동합니다. 도스 창에서 실행 파일 명만 입력하고 실행한 경우, 실행 파일 명과 하나의 인자 값을 입력하고 실행한 경우, 실행 파일 명과 두 개의 전달 값(인수 값)을 입력하고 실행한 경우의 결과 값을 확인해 봅니다.

169

```
C:\Users\kisae01\Documents\Visual Studio 2013\Projects\Hello\Release>Hello.exe
main함수 호출 시의 인수는 1개입니다.

C:\Users\kisae01\Documents\Visual Studio 2013\Projects\Hello\Release>Hello.exe one
main함수 호출 시의 인수는 2개입니다.

C:\Users\kisae01\Documents\Visual Studio 2013\Projects\Hello\Release>Hello.exe one two
main함수 호출 시의 인수는 3개입니다.
```

실행 결과를 보면 알 수 있는 바와 같이 위에서 작성한 프로그램은 main함수 호출 시에 입력한 인수의 개수를 출력합니다.

main함수의 원형(Prototype)은 아래와 같으며, 정수 형식의 argc 인수는 입력받는 인수의 개수입니다. 또한, 문자형 포인터 배열 형식의 argv[] 인수는 입력받는 인수의 값들을 가리킵니다. 아래의 표는 C언어의 main함수의 인수 정보를 정리한 내용입니다.

$$int\ main(int\ argc,\ char\ *argv[]);$$

인 수	인수값 정보
argc	실행 파일에 입력된 인수값의 개수 (ex) Hello.exe one, two 1개 2개 3개 → 3
argv[0]	실행 파일명을 가리키는 문자형 포인터
argv[1]	첫 번째 인수 내용을 가리키는 문자형 포인터
argv[2]	두 번째 인수 내용을 가리키는 문자형 포인터
argv[3]	세 번째 인수 내용을 가리키는 문자형 포인터
⋮	⋮

04
나도 이제 C언어
프로그래머

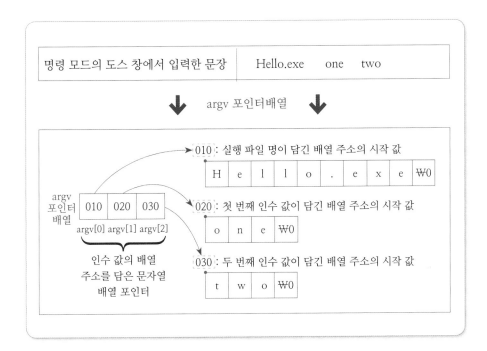

| 명령 모드의 도스 창에서 입력한 문장 | Hello.exe   one   two |

argv 포인터배열

010 : 실행 파일 명이 담긴 배열 주소의 시작 값

| H | e | l | l | o | . | e | x | e | ₩0 |

argv
포인터
배열

| 010 | 020 | 030 |
| argv[0] | argv[1] | argv[2] |

인수 값의 배열
주소를 담은 문자열
배열 포인터

020 : 첫 번째 인수 값이 담긴 배열 주소의 시작 값

| o | n | e | ₩0 |

030 : 두 번째 인수 값이 담긴 배열 주소의 시작 값

| t | w | o | ₩0 |

📋 참고하기

● 명령 모드의 도스 창에서 실행 파일이 있는 경로로 이동하는 방법

도스 창에서 경로를 이동하기 위한 기본적인 명령어는 다음과 같습니다.

명령어	명령어 뜻
cd	디렉토리 바꾸기 (Change directory)
cd .₩	내 자신의 디렉토리 (.₩는 생략할 수 있습니다.)
cd ..	내 상위 디렉토리
dir	디렉토리 리스트 보기

4.4.3 함수의 원형과 함수에 인수를 넘기는방법

이제까지 기본적인 함수의 정의와 작성방법에 대하여 알아보았습니다. 이번에는 함수의 원형, 인수 값 전달, 함수 호출 과정에 대하여 배우겠습니다.

가. 함수의 기본 모양인 원형(프로토타입)이란 무엇일까요?

multiply(멀티플라이) 함수의 원형을 main 함수 앞에 선언해서 사용하는 법을 앞에서 배웠습니다. 모든 함수의 원형에 대해서도 알아보기로 하지요. 함수의 원형이라는 것은 모든 함수가 지켜야 할 형식입니다. 그렇다면, 형식을 지켜야 하는 이유는 무엇일까요?

정답은 컴파일을 하기 위해서입니다. 컴파일러도 하나의 프로그램이기 때문에 주어진 규칙으로만 실행시킬 수 있습니다. 만약 주어진 규칙을 벗어난 문장을 발견하면 오류를 출력하여 프로그램을 규칙에 맞게 고쳐야 합니다.

그러면, 함수의 기본 모양인 함수 원형은 어떻게 될까요?

```
type function_name( parameter list)
{
    declarations
    statements
}
```

영어로 되어 있어서 너무 어려워 보이지요? 그래서 쉽게 설명하기 위하여 아래에 다시 작성해 보았습니다.

```
        되돌려주는 값의 형식  함수 이름  ( 인수값들 )
                ①              ②          ③
{
            ④ 선언 부분
            ⑤ 함수의 내용
}
```

① 함수의 수행 결과 값의 자료형(int, char, shot 등)
② 작성할 함수의 이름(키워드 값 불가, 시작은 문자로, 대·소문자를 구분함)
③ 함수에 전달되는 자료의 형식과 변수 명들(int a, char b, arg[] 등)
④ 함수에서 사용하는 변수 등의 선언문 작성 부분(int a =0;, char t = ''; 등)
⑤ 함수의 기능을 프로그램으로 작성하는 부분(함수의 몸통)

나. 함수에 인수를 넘기는 방법은 몇 가지가 있을까요?

사람들과 대화하는 방법으로 기본적으로 말을 많이 사용하지만 몸짓이나 손짓으로도 대화가 가능합니다. 함수들도 이처럼 대화를 하는 여러 가지 방식이 존재합니다. 하나는 값에 의한 전달(call by value)이며, 다른 하나는 주소 값에 의한 전달(call by reference)입니다. 그러면 두 가지 대화 방식에 대하여 알아 보도록 하겠습니다.

두 가지의 대화 방식을 알아보기 전에 "실인수"와 "가인수"에 대하여 먼저 알아 보겠습니다. 아래의 예제를 보면 main 함수에서 multiply(멀티플라이) 함수를 호출하는 것을 알 수 있습니다. main 함수는 multiply(멀티플라이) 함수를 호출하기 때문에 "호출부"라고 합니다. 반면에 multiply(멀티플라이) 함수는 호출을 받기 때문에 "피호출부"라고 합니다. 우리는 호출하는 쪽의 인수를 "실인수"라고 부르며, 호출을 받는 쪽의 인수를 "가인수"라고 부릅니다.

예를 한가지 들어 보겠습니다. 아래의 프로그램에서 main 함수는 실제의 값을 전달하기 때문에 2와 3을 "실인수"라고 하고, multiply(멀티플라이) 함수는 값을 전달 받기 전에는 a와 b의 변수값이 없기 때문에 "가인수"라고 부릅니다.

```
void main() {

int mult_num;
                              ──► 실인수
mult_num = multiply(2, 3);

}
                       ──► 가인수
int   multiply( int a, int b ) {

    int sum =0;
    sum = a * b;

return sum;
}
```

① 값에 의한 전달(call by value)

　　값에 의한 전달은 실인수의 값을 그대로 피함수에게 전달하는 방법입니다. 실인수 값을
전달받은 피함수는 가인수의 변수에 넣은 다음 함수 안에서 사용합니다.

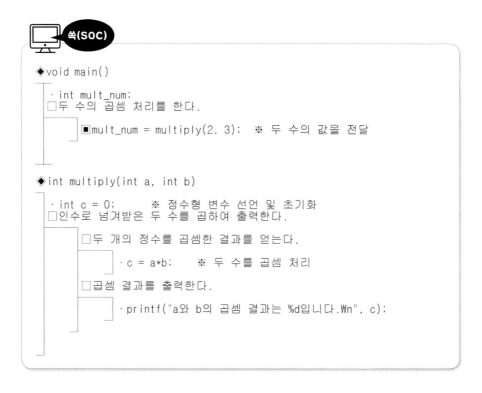

```
◆void main()

  · int mult_num;
  □두 수의 곱셈 처리를 한다.

      ■mult_num = multiply(2, 3);   ※ 두 수의 값을 전달


◆int multiply(int a, int b)

  · int c = 0;      ※ 정수형 변수 선언 및 초기화
  □인수로 넘겨받은 두 수를 곱하여 출력한다.

      □두 개의 정수를 곱셈한 결과를 얻는다.

          · c = a*b;    ※ 두 수를 곱셈 처리

      □곱셈 결과를 출력한다.

          · printf("a와 b의 곱셈 결과는 %d입니다.\n", c);
```

프로그램

```
void main() {
  int mult_num;

  //.두 수의 곱셈 처리를 한다.
  {
    mult_num = multiply(2, 3);  // 두 수의 값을 전달
  }
}


int multiply(int a, int b) {
  int c = 0;      // 정수형 변수 선언 및 초기화

  //.인수로 넘겨받은 두 수를 곱하여 출력한다.
  {

    //.두 개의 정수를 곱셈한 결과를 얻는다.
    {
      c = a*b;    // 두 수를 곱셈 처리
    }

    //.곱셈 결과를 출력한다.
    {
      printf("a와 b의 곱셈 결과는 %d입니다.\n", c);
    }
  }
}
```

실행 결과

```
C:\Windows\system32\cmd.exe

a와 b의 곱셈 결과는 6입니다.
계속하려면 아무 키나 누르십시오 . . . .
```

175

② 참조에 의한 전달(call by reference)

　　참조에 의한 전달은 실인수의 값을 그대로 주는 것이 아니라 값이 저장되어 있는 주소 값을 피함수에게 전달하는 것입니다. 이전 장에서 배운 포인터 변수에 주소를 담아서 피함수에게 넘기는 방법입니다.

　　실인수를 전달할 때는 주소값으로 넘겨야 하므로 변수 이름 앞에 "&"를 붙여서 전달합니다. 그러면 보내는 실인수 값이 주소 값이기 때문에 피함수에서는 포인터 변수형으로 선언해서 (변수 명 앞에 "*"을 붙임) 넘겨준 주소값을 가인수로 받습니다.

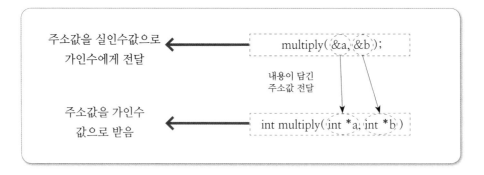

　　아래에 작성된 프로그램을 보면 참조에 의한 전달 방식(call by reference)으로 실인수 값을 전달했기 때문에 처음에는 main 함수 a의 값이 2, b의 값이 3으로 저장되어 있었지만 multiply함수에서 a의 값이 10, b의 값이 5로 변경되어 저장되므로 main 함수에 선언된 a와 b의 값을 변경하여 출력하는 것을 알 수 있습니다.

```
① ②
                · printf("₩n변경된 a변수의 값:%d, b변수의 값:%d ₩n", a, b);
                · printf("₩na와 b를 곱한 값:%d ₩n₩n",mult_num);
```

◆ int multiply(int *x, int *y)

```
· int sum;        ※정수형 변수 선언
□인수로 넘겨받은 두 수를 곱한다.
        · *x = 10, *y = 5; ※넘겨받은 a, b 두 수의 값 갱신
        · sum = *x * *y;    ※갱신한 두 수를 곱셈
        · return sum;       ※곱셈 결과값 리턴
```

프로그램

```c
#include<stdio.h>

int multiply(int *a, int *b);  //multiply 함수의 프로토타입 선언

void main() {
  int mult_num;      // 정수형 변수 선언
  int a = 2;         // 정수형 변수 선언 및 초기화
  int b = 3;         // 정수형 변수 선언 및 초기화

  //.변수의 값을 처리한다.
  {
    printf("입력된 a변수의 값:%d, b변수의 값:%d ", a, b);
  }

  //.두 수의 곱셈 처리를 한다.
  {

    //.참조에 의한 전달 방식으로 두 수의 곱셈 처리를 한다.
    {
      mult_num = multiply(&a, &b);  // 곱셈 처리
    }

    //.곱셈 처리 후의 변수값과 곱셈 결과값을 출력한다.
```

177

```c
    {
        printf("\n변경된 a변수의 값:%d, b변수의 값:%d \n", a, b);
        printf("\na와 b를 곱한 값:%d \n\n",mult_num);
    }
  }
}

int multiply(int *x, int *y) {
  int sum;      // 정수형 변수 선언

  //.인수로 넘겨받은 두 수를 곱한다.
  {
    *x = 10, *y = 5;  // 넘겨받은 a, b 두 수의 값 갱신
    sum = *x * *y;    // 갱신한 두 수를 곱셈
    return sum;       // 곱셈 결과값 리턴
  }
}
```

▶ 실행 결과

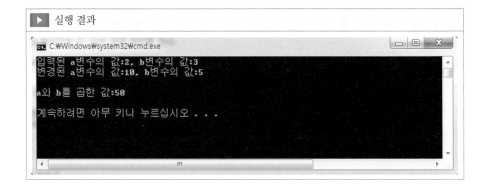

```
C:\Windows\system32\cmd.exe

입력된 a변수의 값:2, b변수의 값:3
변경된 a변수의 값:10, b변수의 값:5

a와 b를 곱한 값:50

계속하려면 아무 키나 누르십시오 . . .
```

4.4.4 함수 속 변수들의 영역

지금까지 C프로그램에서 가장 먼저 일을 수행하는 main함수와 사용자가 직접 만든 함수들의 선언과 사용법에 대하여 배워보았습니다. 이번에는 함수 속에서 선언된 변수의 사용 범위에 대하여 알아보겠습니다.

main 함수에서 선언한 변수를 새로 만든 함수(multiply함수 등)에서 사용할 수 있을까요? 아니면, 반대로 새로 만든 함수에서 선언한 변수를 main함수에서 사용할 수 있을까요?

가. 동네 안에서만 사는 지역 변수와 온 세상에서 볼 수 있는 전역 변수

① 동네 안에서만 유효한 지역 변수

함수를 하나의 동네로 본다고 한다면 함수 안에서 선언한 변수를 지역 변수라고 부릅니다. 지역 변수는 함수 또는 제어구조 내에서 중괄호내에서 선언하면 그 중괄호의 범위 안에서만 유효하기 때문에 다른 동네에서는 보이지 않으며, 사용할 수도 없습니다.

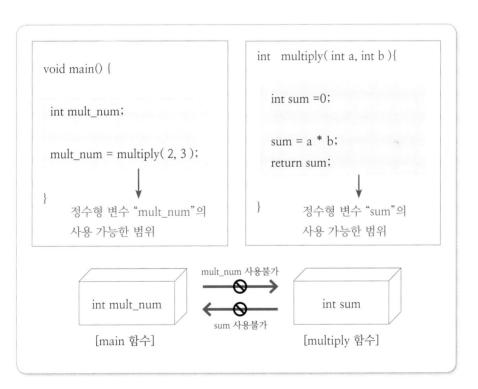

위의 그림을 통해 알 수 있는 바와 같이 main함수에서는 multiply함수의 sum 변수를 사용할 수 없습니다. 또한 multply함수에서는 main함수에서 선언한 mult_num 변수를 사용할 수 없습니다.

② 온 세상을 볼 수 있는 전역 변수

　　main, multiply 등 함수의 밖에서 선언한 변수를 전역 변수라고 합니다. 전역 변수는 해
와 달처럼 하늘 위에 떠 있어서 어느 동네(함수)에서나 볼 수 있으며, 사용도 가능합니다.

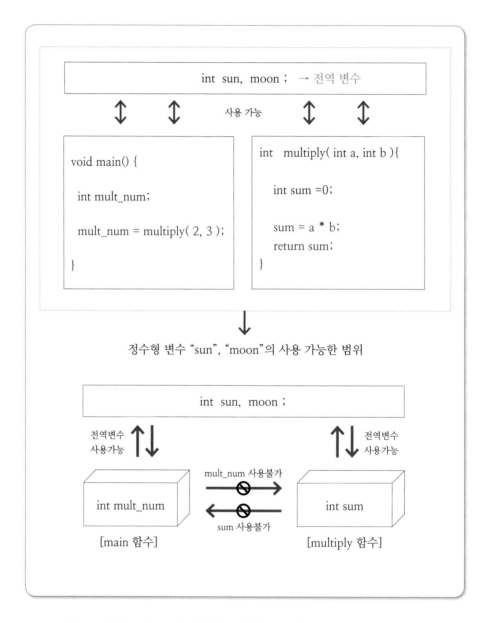

　　위의 그림에서 보는 바와 같이 "sun"과 "moon" 은 전역 변수로 선언하였기 때문에
main, multiply 등의 함수에서 "sun"과 "moon" 변수의 값을 읽거나 쓸 수 있습니다.

나. 함수를 중심으로 전역 변수와 지역 변수를 구별하는 법

우리는 앞에서 함수를 중심으로 어느 위치에서 선언하는가에 따라 변수의 유효 사용 범위를 결정할 수 있다는 사실을 알았습니다. 만약에 변수의 이름을 똑같이 하고 여러 함수에서 동일한 이름의 변수를 선언하면 어떻게 될까요? 정답은 각 함수내에서 선언한 지역 변수만을 유효한 변수로 사용할 수 있다는 것입니다. 예를 들어 "a"라는 이름으로 전역 변수를 선언하고 다시 함수 안에 "a"라는 이름으로 지역 변수를 선언한다면, "a" 변수는 전역 변수가 아닌 지역 변수로 선언한 것이 우선권을 가지고 유효한 역할을 합니다.

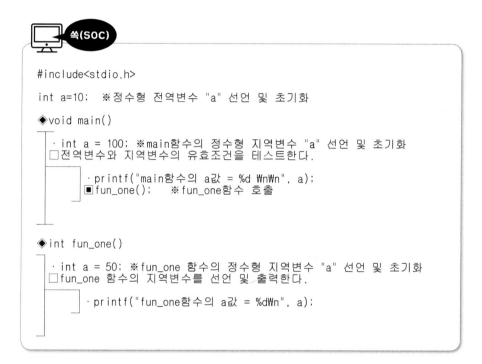

쏙(SOC)

```
#include<stdio.h>

int a=10;   ※정수형 전역변수 "a" 선언 및 초기화

◆void main()

    · int a = 100; ※main함수의 정수형 지역변수 "a" 선언 및 초기화
    □전역변수와 지역변수의 유효조건을 테스트한다.

            · printf("main함수의 a값 = %d ₩n₩n", a);
            ■fun_one();   ※fun_one함수 호출


◆int fun_one()

    · int a = 50; ※fun_one 함수의 정수형 지역변수 "a" 선언 및 초기화
    □fun_one 함수의 지역변수를 선언 및 출력한다.

            · printf("fun_one함수의 a값 = %d₩n", a);
```

프로그램

```
1    #include<stdio.h>
2
3    int a=10;  //정수형 전역 변수 "a" 선언 및 초기화
4
5    void main() {
6      int a = 100;  // main함수의 정수형 지역 변수 "a" 선언 및 초기화
7
8      //.전역 변수와 지역 변수의 유효조건을 테스트한다.
9      {
```

04
나도 이제 C언어
프로그래머

```
10      printf("main함수의 a값 = %d ₩n₩n", a);
11      fun_one();    // fun_one함수 호출
12    }
13  }
14
15
16  int fun_one() {
17    int a = 50;  // fun_one 함수의 정수형 지역 변수 "a" 선언 및 초기화
18
19    //.fun_one 함수의 지역 변수를 선언 및 출력한다.
20    {
21      printf("fun_one함수의 a값 = %d₩n", a);
22    }
23  }
```

"a" 를 전역변수로 선언한 것도 있지만, fun_one 및 main 함수에서 동일하게 "a"라는 변수를 선언했으므로, "a" 변수는 함수 안의 지역 변수가 우선권을 갖는 것입니다.

▶ 실행 결과

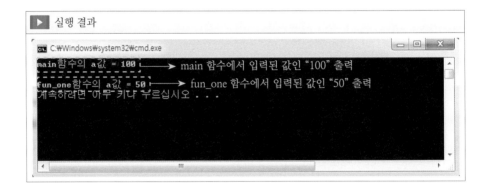

4.5 사칙연산을 행하는 C 프로그램 제작하기

　이번에는 지금까지 배운 C언어를 사용하여 사칙연산 계산기 프로그램을 만들어 보겠습니다. 사칙연산 계산기 프로그램 이름은 바로 "나는 사칙연산의 천재!"입니다. 정말로 사칙연산의 천재가 되도록 프로그램을 작성해 보십시오.

　"나는 사칙연산의 천재!" 프로그램을 만들기 전에 프로그램의 기능과 설계도를 작성해보겠습니다. 그리고 설계도가 완성되면 프로그램을 만들고 정상적으로 실행되는지 확인해보겠습니다. 자! 그럼 이제 출발합니다~~~

 4.5.1 "나는 사칙연산의 천재!" 프로그램의 생김새

　먼저 "나는 사칙연산의 천재!" 프로그램 기능에 대하여 설명하고 전체 흐름에 대해서 알아보겠습니다.

가. "나는 사칙연산의 천재!" 프로그램이 가져야 할 기능은?

　"나는 사칙연산의 천재!" 프로그램은 두 정수를 입력 받아 덧셈, 뺄셈, 곱셈, 나눗셈을 수행하는 프로그램입니다. 프로그램의 기능과 사용하는 함수는 아래의 내용과 같습니다.

기능 명칭	인수값 정보
덧셈(+)	입력 받은 두 개의 정수를 더하는 기능입니다.
뺄셈(−)	입력 받은 두 개의 정수를 빼는 기능입니다.
곱셈(*)	입력 받은 두 개의 정수를 곱하는 기능입니다.
나눗셈(/)	입력 받은 두 개의 정수를 나누는 기능입니다.

　"나는 사칙연산의 천재!" 프로그램은 위의 표와 같이 기본적인 사칙연산인 덧셈, 뺄셈, 곱셈, 나눗셈을 수행하는 프로그램입니다. 그리고 곱셈과 나눗셈의 기호는 일반적으로 쓰이는 "×"곱셈기호, "÷"나눗셈 기호 대신 컴퓨터에서 쓰이는 "*"곱셈 기호와 "/"나눗셈 기호를 사용합니다.

"나는 사칙연산의 천재!" 프로그램에서 쓰이는 함수들에 대해서 알아보겠습니다. 기본적으로 함수는 사용자가 만든 사용자 정의 함수와 이미 만들어 놓은 함수의 모임인 라이브러리로 구분합니다. 그리고 기본적으로 많이 사용하는 함수를 모아둔 표준 함수도 일종의 라이브러리라고 할 수 있습니다.

아래의 표는 "나는 사칙연산의 천재!" 프로그램에서 쓰이는 함수의 목록입니다.

함수 구분	함수 명칭	함수 설명
사용자 정의 함수	title_print	"나는 사칙연산의 천재!" 프로그램에 대한 타이틀과 프로그램을 종료하는 방법을 출력하는 함수입니다.
사용자 정의 함수	addition	입력받은 두 개의 정수를 더하고 결과 값을 출력하는 함수입니다.
사용자 정의 함수	subtraction	입력받은 두 개의 정수를 빼고 값을 결과 값을 출력하는 함수입니다.
사용자 정의 함수	multiplication	입력받은 두 개의 정수를 곱하고 결과 값을 출력하는 함수입니다.
사용자 정의 함수	division	입력받은 두 개의 정수를 나누고 결과 값을 출력하는 함수입니다.
표준 함수	printf	사용자가 작성한 문장과 변수 값을 출력하는 표준 함수입니다.
표준 함수	scanf_s	사용자의 숫자나 문자를 입력 받는 표준 함수입니다.
표준 함수	fflush	입력에 사용된 주소값의 내용을 비우는 표준 함수입니다. 값을 지워야 정상적으로 다시 사용할 수 있기 때문입니다.

나. "나는 사칙연산의 천재!" 프로그램의 쏙(SOC) 설계도를 제작해 봅시다!

"나는 사칙연산의 천재!" 프로그램은 두 정수를 입력 받아 덧셈, 뺄셈, 곱셈, 나눗셈을 수행하는 프로그램입니다. 두 정수를 입력 받을 때는 "scanf_s" 함수를 사용하고, "연속 if-else 문"을 사용하여 사칙연산에 필요한 함수를 호출합니다.

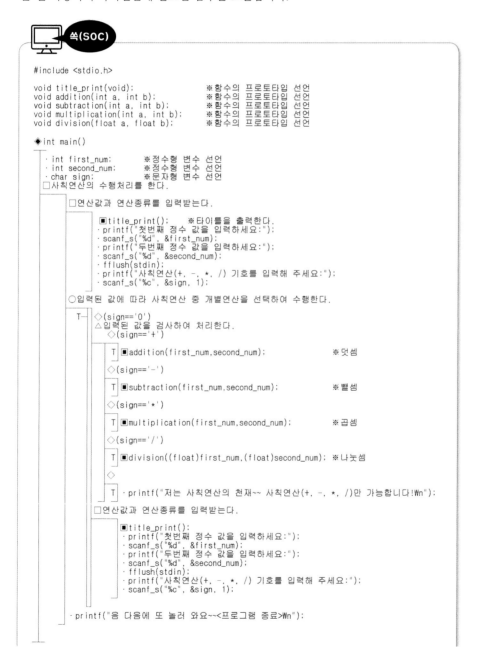

```
#include <stdio.h>

void title_print(void);              ※함수의 프로토타입 선언
void addition(int a, int b);         ※함수의 프로토타입 선언
void subtraction(int a, int b);      ※함수의 프로토타입 선언
void multiplication(int a, int b);   ※함수의 프로토타입 선언
void division(float a, float b);     ※함수의 프로토타입 선언

◆int main()

  · int first_num;      ※정수형 변수 선언
  · int second_num;     ※정수형 변수 선언
  · char sign;          ※문자형 변수 선언
  □사칙연산의 수행처리를 한다.
        □연산값과 연산종류를 입력받는다.

            ■title_print();      ※타이틀을 출력한다.
            · printf("첫번째 정수 값을 입력하세요:");
            · scanf_s("%d", &first_num);
            · printf("두번째 정수 값을 입력하세요:");
            · scanf_s("%d", &second_num);
            · fflush(stdin);
            · printf("사칙연산(+, -, *, /) 기호를 입력해 주세요:");
            · scanf_s("%c", &sign, 1);

        ○입력된 값에 따라 사칙연산 중 개별연산을 선택하여 수행한다.

        T─┌ ◇(sign=='0')
           △입력된 값을 검사하여 처리한다.
              ◇(sign=='+')

           T ■addition(first_num,second_num);              ※덧셈

              ◇(sign=='-')

           T ■subtraction(first_num,second_num);           ※뺄셈

              ◇(sign=='*')

           T ■multiplication(first_num,second_num);        ※곱셈

              ◇(sign=='/')

           T ■division((float)first_num,(float)second_num); ※나눗셈

              ◇

           T · printf("저는 사칙연산의 천재~~ 사칙연산(+, -, *, /)만 가능합니다!\n");
        □연산값과 연산종류를 입력받는다.

            ■title_print();
            · printf("첫번째 정수 값을 입력하세요:");
            · scanf_s("%d", &first_num);
            · printf("두번째 정수 값을 입력하세요:");
            · scanf_s("%d", &second_num);
            · fflush(stdin);
            · printf("사칙연산(+, -, *, /) 기호를 입력해 주세요:");
            · scanf_s("%c", &sign, 1);

  · printf("음 다음에 또 놀러 와요~~<프로그램 종료>\n");
```

185

◆void title_print(void)

☐title_print 함수를 정의한다.

· printf("==============================Wn");
· printf("==== 나는 사칙연산의 천재!! ====Wn");
· printf("==============================Wn");
· printf("나의 매력에서 탈출하고 싶으면 : 0 Wn");

◆void addition(int a, int b)

☐두 수의 덧셈 결과를 출력한다.

· printf("천재의 직감으로 덧셈 결과는 (%d)입니다.WnWn", a+b);

◆void subtraction(int a, int b)

☐두 수의 뺄셈 결과를 출력한다.

· printf("천재의 예감으로 뺄셈 결과는 (%d)입니다.WnWn", a-b);

◆void multiplication(int a, int b)

☐두 수의 곱셈 결과를 출력한다.

· printf("천재의 오감으로 곱셈 결과는 (%d)입니다.WnWn", a*b);

◆void division(float a, float b)

☐두 수의 나눗셈 결과를 출력한다.

▲2번째 입력값이 0인 경우에 조치한다.
◇(b == 0)
T · printf("0으로 어떻게 나누나요?Wn");
· printf("저를 시험에 들게 하시나요!!Wn");
· return;
2
· printf("오~ 천재의 육감으로 나눗셈 결과는 (%.2f)입니다.WnWn", (float)a/b);

4.5.2 작성한 "나는 사칙연산의 천재!" 소스 코드의 이해

이번에는 "나는 사칙연산의 천재!" 프로그램을 작성하고 완성한 프로그램의 주요 내용에 대하여 설명하겠습니다.

가. "나는 사칙연산의 천재!" 프로그램 작성하기

"나는 사칙연산의 천재!" 프로그램의 소스 코드를 작성합니다. 프로그램을 작성하면서 사용된 함수들과 사용 문법에 대하여 복습합니다.

```c
1    #include <stdio.h>
2
3    void title_print(void);              // 함수의 프로토타입 선언
4    void addition(int a, int b);         // 함수의 프로토타입 선언
5    void subtraction(int a, int b);      // 함수의 프로토타입 선언
6    void multiplication(int a, int b);   // 함수의 프로토타입 선언
7    void division(float a, float b);     // 함수의 프로토타입 선언
8
9    int main() {
10     int first_num;       // 정수형 변수 선언
11     int second_num;      // 정수형 변수 선언
12     char sign;           // 문자형 변수 선언
13
14     //.사칙연산의 수행처리를 한다.
15     {
16
17       //.연산값과 연산종류를 입력받는다.
18       {
19         title_print();  // 타이틀을 출력한다.
20         printf("첫 번째 정수 값을 입력하세요:");
21         scanf_s("%d", &first_num);
22         printf("두 번째 정수 값을 입력하세요:");
23         scanf_s("%d", &second_num);
24         fflush(stdin);
25         printf("사칙연산(+, -, *, /) 기호를 입력해 주세요:");
26         scanf_s("%c", &sign, 1);
27       }
28
29       //.입력된 값에 따라 사칙연산 중 개별연산을 선택하여 수행한다.
30       while (!(sign=='0')) {
```

```
31        //.입력된 값을 검사하여 처리한다.
32        if (sign=='+') {
33            addition(first_num,second_num);              // 덧셈
34        }
35        else if (sign=='-') {
36            subtraction(first_num,second_num);           // 뺄셈
37        }
38        else if (sign=='*') {
39            multiplication(first_num, second_num);       // 곱셈
40        }
41        else if (sign=='/') {
42            division((float)first_num,(float)second_num);  // 나눗셈
43        }
44        else {
45            printf("저는 사칙연산의 천재~~ 사칙연산(+, -, *, /)만 가능합니다!\n");
46        }
47
48        //.연산값과 연산종류를 입력받는다.
49        {
50            title_print();  // 타이틀을 출력한다.
51            printf("첫 번째 정수 값을 입력하세요:");
52            scanf_s("%d", &first_num);
53            printf("두 번째 정수 값을 입력하세요:");
54            scanf_s("%d", &second_num);
55            fflush(stdin);
56            printf("사칙연산(+, -, *, /) 기호를 입력해 주세요:");
57            scanf_s("%c", &sign, 1);
58        }
59    }
60    printf("음 다음에 또 놀러 와요~~〈프로그램 종료〉\n");
61    }
62 }
63
64 void title_print(void) {
65
66   //.title_print 함수를 정의한다.
67   {
68     printf("==============================\n");
69     printf("==== 나는 사칙연산의 천재!! ====\n");
70     printf("==============================\n");
71     printf("나의 매력에서 탈출하고 싶으면 : 0 \n");
72   }
73 }
```

```c
74   void addition(int a, int b)  {
75
76      //.두 수의 덧셈 결과를 출력한다.
77      {
78         printf("천재의 직감으로 덧셈 결과는 (%d)입니다.₩n₩n", a+b);
79      }
80   }
81
82   void subtraction(int a, int b)  {
83
84      //.두 수의 뺄셈 결과를 출력한다.
85      {
86         printf("천재의 예감으로 뺄셈 결과는 (%d)입니다.₩n₩n", a-b);
87      }
88   }
89
90   void multiplication(int a, int b)  {
91
92      //.두 수의 곱셈 결과를 출력한다.
93      {
94         printf("천재의 오감으로 곱셈 결과는 (%d)입니다.₩n₩n", a*b);
95      }
96   }
97
98   void division(float a, float b)  {
99
100     //.두 수의 나눗셈 결과를 출력한다.
101     {
102
103        //.2번째 입력값이 0인 경우에 조치한다.
104        if (b == 0) {
105           printf("0으로 어떻게 나누나요?₩n");
106           printf("저를 시험에 들게 하시나요!!₩n");
107           return;
108           goto F_2_7;
109        }
110        printf("오~ 천재의 육감으로 나눗셈 결과는 (%.2f)입니다.₩n₩n", (float)a/b);
111     }
112     F_2_7:;
113  }
```

나. "나는 사칙연산의 천재!" 프로그램 들여다 보기

작성된 "나는 사칙연산의 천재!" 프로그램에 대하여 알기 쉽게 설명하겠습니다.

```
3   void title_print(void);
4   void addition(int a, int b);
5   void subtraction(int a, int b);
6   void multiplication(int a, int b);
7   void division(float a, float b);
```

3번~7번 행은 title_print, addition, subtraction, multiplication, division 등 사용자 정의 함수의 원형을 선언한 부분입니다.

```
19  title_print();
```

19번 행은 "나는 사칙연산의 천재!" 프로그램의 시작 문구를 출력하는 title_print 함수를 호출하는 부분입니다.

```
20  printf("첫 번째 정수 값을 입력하세요:");
21  scanf_s("%d", &first_num);
22  printf("두 번째 정수 값을 입력하세요:");
23  scanf_s("%d", &second_num);
24  fflush(stdin);
```

20번~23번 행은 두 개의 정수를 입력받아 first_num 변수와 second_num 변수에 입력받은 값을 저장하는 부분입니다. 그리고 24번 행은 입력받은 값에 사용한 저장소를 비우는 fflush()함수를 호출하는 부분입니다.

```
25  printf("사칙연산(+, -, *, /) 기호를 입력해 주세요:");
26  scanf_s("%c", &sign, 1);
```

25번 행은 사칙연산 기호를 입력하라는 문장을 출력하고, 26번 행은 sign 변수에 사칙연산 기호를 입력받는 문장입니다.

```
30   while (!(sign=='0')) {
```

30번 행은 while 문의 시작 문장입니다. 입력 값이 '0'이 아닐 동안 되풀이 하여 실행합니다.

```
32   if (sign=='+') {
33   addition(first_num,second_num);
34   }
```

32, 33번 행은 입력받은 값이 "+" 기호일 경우 addition 함수를 수행하라는 연속 if-else 문의 일부입니다.

```
35   else if (sign=='-') {
36   subtraction(first_num,second_num);
37   }
```

35, 36번 행은 입력받은 값이 "-" 기호일 경우 subtraction 함수를 수행하라는 연속 if-else 문의 일부입니다.

```
38   else if (sign=='*') {
39   multiplication(first_num, second_num);
40   }
```

38. 39번 행은 입력받은 값이 "*" 기호일 경우 multiplication 함수를 수행하라는 연속 if-else 문의 일부입니다.

```
41   else if (sign=='/') {
42   division((float)first_num,(float)second_num);
43   }
```

41, 42번 행은 입력받은 값이 "/" 기호일 경우 division 함수를 수행하라는 연속 if-else 문의 일부입니다.

```
44    else {
45        printf("저는 사칙연산의 천재~~ 사칙연산(+, -, *, /)만 가능합니다!₩n");
46    }
```

45번 행은 입력받은 값이 "+", "-", "*", "/", "0"이 아닐 경우 사칙연산 기호를 입력하라는 문장을 출력합니다.

```
60    printf("음 다음에 또 놀러 와요~~〈프로그램 종료〉₩n");
```

60번 행은 입력 값이 "0"일 경우 프로그램 종료 문장을 출력하고 프로그램을 종료합니다.

```
64    void title_print(void) {
67    {
68        printf("===============================₩n");
69        printf("==== 나는 사칙연산의 천재!! ====₩n");
70        printf("===============================₩n");
71        printf("나의 매력에서 탈출하고 싶으면 : 0 ₩n");
72    }
73    }
```

64번 행은 프로그램의 시작 문장을 출력하는 title_print 함수의 시작 부분이며, 68, 69, 70, 71번 행은 프로그램 시작 문장을 출력하는 구문입니다. 그리고 73번 행은 title_print 함수의 종료를 뜻합니다.

```
74    void addition(int a, int b) {
77    {
78        printf("천재의 직감으로 덧셈 결과는 (%d)입니다.₩n₩n", a+b);
79    }
80    }
```

74번 행은 덧셈 기능을 가진 addition 함수의 시작 부분이며, 78번 행은 인수로 받은 두 수를 더하고 출력하는 구문입니다.

192

```
82   void subtraction(int a, int b)  {
85   {
86      printf("천재의 예감으로 뺄셈 결과는 (%d)입니다.₩n₩n", a-b);
87    }
88  }
```

82번 행은 뺄셈 기능의 subtraction 함수의 시작 부분이며, 86번 행은 인수로 받은 두 수를 뺀 후에 결과 값을 출력하는 구문입니다.

```
90   void multiplication(int a, int b)  {
93   {
94      printf("천재의 오감으로 곱셈 결과는 (%d)입니다.₩n₩n", a*b);
95    }
96  }
```

90번 행은 곱셈 기능의 multiplication 함수의 시작 부분이며, 94번 행은 인수로 받은 두 수를 곱하고 결과 값을 출력하는 구문입니다.

```
98     void division(float a, float b)  {
101    {
104    if (b == 0) {
105      printf("0으로 어떻게 나누나요?₩n");
106      printf("저를 시험에 들게 하시나요!!₩n");
107      return;
108      goto F_2_7;
109    }
110    printf("오~ 천재의 육감으로 나눗셈 결과는 (%.2f)입니다.₩n₩n", (float)a/b);
111    }
112    F_2_7:;
113  }
```

98번 행은 나눗셈 기능을 가진 division 함수의 시작 부분이며, 104번 행에서 109번 행은 만일 나눗셈의 경우 0 값으로 나눌 수 없으므로 나누는 값에 0이 입력되면 문구를 출력하고 112번 행으로 빠져나가는 구문입니다.

그리고 110번 행은 인수 값으로 받은 두 수를 나누고 결과 값을 출력하는 구문입니다.

다음은 "나는 사칙연산의 천재!" 프로그램을 실행하고 결과 값의 출력 과정을 확인해보겠습니다.

4.5.3 "나는 사칙연산의 천재!" 프로그램 실행해 보기

열심히 작성한 "나는 사칙연산의 천재!" 프로그램을 실행하고 결과값을 확인해 보는 과정도 아주 쉽습니다. 실행 방법은 2개의 정수를 입력하고, 사칙연산 기호 중에 하나를 입력한 후에 결과 값을 확인하는 형태입니다.

[1 단계] 개발 도구에서 "ctrl +F5" 키를 눌러 작성 프로그램 빌드

"Microsoft Visual C++ Community 2013" 개발 도구에서 프로그램 작성을 완료하면 "ctrl" 키와 "F5" 키를 동시에 눌러서 프로그램을 빌드합니다.

[2 단계] 도스 실행 창에서 사칙연산에 필요한 첫 번째 정수 입력

프로그램을 실행시킨 후 "첫 번째 정수값을 입력하세요:" 메시지가 나타나면 계산을 원하는 정수를 입력하고 "enter" 키를 누릅니다.

[3 단계] 사칙연산에 필요한 두 번째 정수 입력

　명령 모드(Command Mode)의 도스 실행 창에서 "두 번째 정수 값을 입력하세요:" 메시지
가 나타나면 계산을 원하는 정수를 입력하고 "enter" 키를 누릅니다.

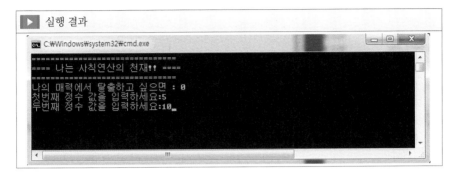

[4 단계] 사칙연산(+, -, *, /) 기호 입력

　입력한 두 정수 값에 적용할 사칙연산(+, -, *, /) 기호를 입력합니다.

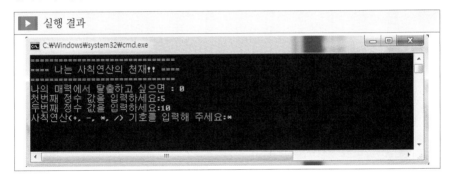

[5 단계] 사칙연산 결과값 확인

　도스 실행 창에서 입력한 두 정수 값에 대한 결과 값을 확인합니다. 사칙연산을 계속하려면
다시 첫 번째 정수값을 입력하고 종료하려면 "0" 값을 3번 입력하여 프로그램을 종료합니다.

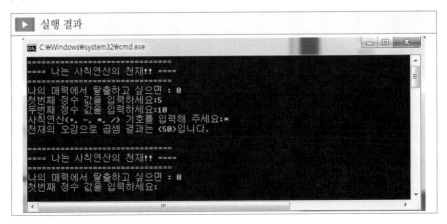

4.5.4 버그(오류) 잡는 방법 알아보기

사람이 완벽할 수 있다고 생각하시나요? 물론 완벽한 사람도 있겠지만 대부분의 사람이 실수를 합니다. 프로그램을 작성할 때도 마찬가지입니다. 프로그램의 고수도 한번에 완벽한 프로그램을 작성할 수 없습니다. 그래서 이번 절에서는 프로그램에 숨은 오류, 즉 버그를 잡는 법을 배우겠습니다. 통합개발 도구가 포함하고 있는 디버그 도구를 사용하지 않으면, 간단한 프로그램 오류를 찾는데도 몇 시간을 낭비할 수 있습니다. 따라서 디버그 모드와 기능을 알아보고 실습을 통하여 디버깅하는 방법을 익혀봅시다.

가. 디버그 화면 및 기능 설명

통합개발 도구에서 프로그램 오류를 찾을 때 사용하는 디버그(Debug) 화면은 다음과 같습니다.

① 디버그에 필요한 중단점 설정, 디버깅 실행(F5), 한 단계씩 진행, 변수 값 보기 등 DEBUG와 관련된 메뉴 제공
② 중단점 설정 및 프로그램 편집 영역
③ 빌드를 실행할 경우에 발생하는 디버그 정보 출력 영역

나. 프로그램 안에 숨어 있는 버그를 잡아 보아요.

아래의 프로그램은 간단한 덧셈 함수를 사용하여 두 수의 합을 구하는 프로그램입니다. 그러나 프로그램 안에는 3개의 버그(오류)와 1개의 경고가 숨어있습니다. 프로그램 소스를 천천히 잘 보십시오. 3개의 버그(오류)와 경고를 다 찾으셨습니까?

못 찾았어도 괜찮습니다. ^^ 이제부터 여러분과 함께 버그를 잡아보겠습니다.

프로그램

```
1    #include<stdio.h>
2
3
4    void main()
5    {
6     //3개의 버그(오류)가 숨어 있는 프로그램 소스
7
8     int Sum0;
9     SumO = 0;
10
11    Sum0 = Add_num(100, 200,);
12    printf("덧셈의 합은 %d입니다.\n", Sum0);
13   }
14
15    int Add_num(a, b)
16   {
17
18    int sum = 0;
19
20    sum = a + b + 1;
21
22    return sum;
23   }
```

위의 프로그램을 편집 영역에 입력하시고, 'F5' 키를 사용해서 디버깅 모드로 컴파일을 합니다. 이런! 출력 창에 오류(error)와 경고(warning)들이 발생했군요~~ 하나씩 오류와 경고를 해결해 나가봅시다.

버그(오류)는 반드시 수정해야 하지만 경고는 그냥 두어도 프로그램 실행에는 영향을 주지 않습니다. 그래도 가급적 제거하는 편이 바람직합니다.

❌ 1	error C2065: 'SumO' : undeclared identifier	test.c	9	1	hello
⚠ 2	warning C4013: 'Add_num' undefined; assuming extern returning int	test.c	11	1	hello
❌ 3	error C2059: syntax error : ')'	test.c	11	1	hello

첫 째, 경고의 원인을 알아보고 문제를 해결해 보기로 하지요. 우선 출력 창에서 경고 (warning)의 내용을 한번 보겠습니다. "Add_num이 정의되지 않았습니다. extern은 int형을 반환하는 것으로 간주합니다." 이 문장의 뜻은 'main'함수의 10번 행에서 'Add_num'함수를 호출하는데 'Add_num'함수가 'main'함수의 아래에 정의되어 있기 때문에 발생했다는 의미입니다. 이 경고 문구를 해결하려면 아래와 같이 'Add_num' 함수의 원형을 3번 행에 입력해 주어야 합니다.

```
1     #include<stdio.h>
2
3     int Add_num(a,b);       ──►  Add_num(a, b) 함수의
4     void main()                  원형을 main함수 전에
5     {                            선언
6
7
        ⋮              ⋮
```

프로그램을 수정하고 다시 F5를 눌러 컴파일을 수행합니다. 그리고 경고(warning) 문구가 없어졌는지 확인합니다.

둘 째, 변수명을 잘못 명기해서 발생하는 버그(오류)를 찾아 수정해보겠습니다. 경고 문구는 사라졌지만 아직까지 많은 오류가 발생하고 있군요~~ 출력 창에 나타난 오류 중에 "'Sum0': undeclared identifier"으로 써 있는 첫 번째 오류를 더블 클릭합니다. 그러면 해당 오류가 발생한 지점으로 이동합니다. 9번 행에서 오류가 발생한 것을 알 수 있습니다. 그런데 아무리 봐도 뭐가 잘못된 것인지 모르시겠지요?

오류의 원인은 선언하지 않은 변수 명을 사용한 것입니다. 8번 행에 정수형 변수로 'Sum0'을 선언했습니다. 여기서 '0'은 대문자 오(O)가 아니라 숫자 영(0)입니다. 즉 9번 행에서 사용한 'SumO' 변수는 끝이 숫자 영(0)이 아니라 대문자 오(O)를 써서 만든 변수 명입니다. 그렇기 때문에 8번 행에서 선언한 변수명과 달라 '선언되지 않은 변수 사용 오류'가 발생한 것입니다. 문제를 해결하려면 아래와 같이 9번 행의 변수 명을 'Sum0'[끝이 숫자 영(0)]으로 변경합니다.

04
나도 이제 C언어
프로그래머

```
  8    int Sum0;
┌ ─ ─ ─ ─ ─ ─ ─ ─ ─ ┐
│ 9      Sum0 = 0; │ ───────────▶   변수 명을 'SumO'에서
└ ─ ─ ─ ─ ─ ─ ─ ─ ─ ┘              'Sum0'으로 변경
 10         :
```

프로그램을 수정하고 다시 F5를 눌러 컴파일을 수행합니다. 그리고 버그(오류) 한 개가 사라졌는지 확인합니다.

셋 째, 문장을 잘못 써서 발생하는 구문 오류를 찾아 수정해보겠습니다. 출력 창에 나타난 오류 중에 "syntax error ：')'"라고 나타난 줄을 마우스로 더블 클릭합니다. 그러면 해당 오류가 발생한 지점으로 이동합니다. 11번 행에서 오류가 발생한 것을 알 수 있습니다. 이번 오류는 오류 문구 안에서 닫기 괄호(')')와 연관되어 있다고 친절하게 알려주고 있습니다. 에러가 발생한 문장을 자세하게 보면 콤마(',')가 잘못 들어가 있어서 문법 오류가 발생한 것임을 알 수 있습니다.

문법 오류는 문장의 마지막에 세미콜론(';')을 쓰지 않거나 연 괄호를 닫지 않거나 할 때 주로 발생합니다. 그럼 오류를 고쳐보겠습니다.

아래와 같이 콤마(',')를 빼고 문장을 다시 구성합니다.

```
  9    Sum0 = 0;
 10
┌ ─ ─ ─ ─ ─ ─ ─ ─ ─ ─ ─ ─ ─ ─ ─ ─ ─ ─ ┐      Add_num 함수의 인자
│ 11    Sum0 = Add_num(100, 200); │ ──────▶   끝에있는 두 번째 콤마
└ ─ ─ ─ ─ ─ ─ ─ ─ ─ ─ ─ ─ ─ ─ ─ ─ ─ ─ ┘      (',') 삭제
 12    printf("넛 셈의 합은 %d입니다.\n", Sum0);
 13    }
 14
```

04
나도 이제 C언어
프로그래머

프로그램을 수정하고나서 다시 F5를 눌러 컴파일을 수행합니다. 그런 다음 버그(오류)가 사라졌는지 확인합니다.

넷 째, 발생하는 버그(오류)는 출력창에 오류가 나타나지 않는 로직 오류입니다. 로직 오류는 C 언어 규칙에는 어긋나지 않지만 예상한 결과가 도출되지 않을 때 생기는 오류입니다. 예를 들어 자동차를 앞으로 가도록 설계를 하고 프로그램을 했을 경우를 상정해보지요. 막상 실행을 했는데 자동차가 뒤로 간다면 설계와 다르게 프로그램이 동작한 것입니다. 이러한경우에 '로직 오류가 발생했다'고 합니다. 실행 결과를 확인하기 위해 'Ctrl' + 'F5'를 눌러서 프로그램을 실행해보겠습니다.

▶ 실행 결과

```
C:\Windows\system32\cmd.exe
덧셈의 합은 301입니다.
계속하려면 아무 키나 누르십시오 . . .
```

버그 찾기 프로그램은 '100'과 '200'을 더하는 함수를 만들어서 두 수의 합인 '300'을 출력하는 로직을 가지고 있습니다. 그러나 실행 결과를 보면 덧셈의 합으로 '300'이 아니라 '301'을 출력한 것을 알 수 있습니다. 즉 우리가 가진 목적대로 프로그램이 수행되지 않아서 틀린 결과 값을 도출한 것입니다. 이런 경우에는 출력 창에 아무런 메시지기 없기 때문에 버그(오류)를 찾기가 매우 어렵습니다. 버그를 찾는 가장 좋은 방법은 main함수부터 한 줄씩 프로그램을 실행시켜 보면서 사용한 변수 값들을 들여다 보는 방법입니다. 이러한 방법은 디버깅 모드의 사용으로 쉽게 적용할 수 있습니다. 그럼 이제 디버깅 모드로 프로그램을 실행시켜 로직 오류를 찾아보겠습니다.

① 중단점 설정하기

프로그램에서 사용되는 변수의 값, 프로그램 흐름을 보기 위해 4행에 중단점을 설정합니다.

```
#include<stdio.h>

int Add_num(a, b);

void main()                                    ────→  main함수에 중단점 설정
{
    //3개의 버그(오류)가 숨어 있는 프로그램 소스

    int Sum0;
    Sum0 = 0;

    Sum0 = Add_num(100, 200);
    printf("덧셈의 합은 %d입니다.\n", Sum0);
}
```

② 디버깅 모드로 실행시키기

'F5' 키나 상단의 'Local Windows Debugger' 퀵 메뉴를 선택해서 디버깅 모드로 프로그램을 실행시킵니다. (상단 메뉴의 'DEBUG'를 선택하고 'Start Debugging' 세부 메뉴를 사용해도 동일합니다.)

```
#include<stdio.h>

int Add_num(a, b);

void main()
{
    //3개의 버그(오류)가 숨어 있는 프로그램 소스

    int Sum0;
    Sum0 = 0;

    Sum0 = Add_num(100, 200);
    printf("덧셈의 합은 %d입니다.\n", Sum0);
}
```

디버그 실행 버튼 클릭

③ 한 단계씩 프로그램 구동하기

디버깅 모드를 실행시키면, 중단점에서 프로그램 실행이 멈춥니다. 프로그램을 한 줄씩 실행해보기 위해서입니다. 'F11' 키를 한번 누를 때마다 한 줄씩 프로그램이 실행됩니다. 'F10' 키도 한 줄씩 프로그램이 실행되는데 'F11'과 차이점은 함수를 만나면 함수의 내부는 들어가지 않고 다음 줄을 실행하는 형식이므로 다소 다릅니다. 'F11' 키를 3번 누르면 Add_num 함수의 시작부분까지 프로그램이 실행됩니다. 여기서 화살표 모양은 프로그램이 실행되고 있는 줄을 나타냅니다.

```
#include<stdio.h>

int Add_num(a, b);

void main()
{
    //3개의 버그(오류)가 숨어 있는 프로그램 소스

    int Sum0;
    Sum0 = 0;

    Sum0 = Add_num(100, 200);
    printf("덧셈의 합은 %d입니다.\n", Sum0);
}

int Add_num(a, b)
{
    int sum = 0;

    sum = a + b  +1;

    return sum;
}
```

Add_num 함수의
첫 번째 줄까지 실행이
완료됨

④ 변수 값 확인하기

Add_num에서 전달 받은 a, b 값의 내용을 확인해 보기 위하여 상단 메뉴의 'DEBUG' 메뉴에서 'Windows' 선택 후 'Autos' 메뉴를 선택합니다. 그러면, 출력 창이 있던 자리에 Autos 창이 나타날 것입니다. Autos 창을 보시면 a, b 변수에 어떤 값이 저장되어 있는지 알 수 있습니다.

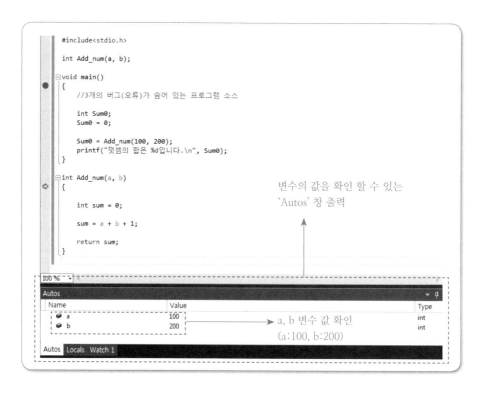

```
#include<stdio.h>

int Add_num(a, b);

void main()
{
    //3개의 버그(오류)가 숨어 있는 프로그램 소스

    int Sum0;
    Sum0 = 0;

    Sum0 = Add_num(100, 200);
    printf("덧셈의 합은 %d입니다.\n", Sum0);
}

int Add_num(a, b)
{

    int sum = 0;

    sum = a + b + 1;

    return sum;
}
```

변수의 값을 확인 할 수 있는
'Autos' 창 출력

Name	Value		Type
a	100		int
b	200		int

→ a, b 변수 값 확인
(a:100, b:200)

Autos Locals Watch 1

main함수에서 전달 받은 100과 200 값이 a와 b 변수에 잘 저장되어 있는 것을 확인할 수 있습니다. 그러면 'F11' 키를 3번 더 누르고 다시 'Autos' 창으로 a, b, sum 변수 값을 확인해 봅니다.

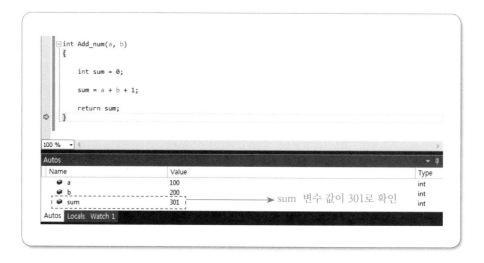

```
int Add_num(a, b)
{

    int sum = 0;

    sum = a + b + 1;

    return sum;
}
```

Name	Value		Type
a	100		int
b	200		int
sum	301		int

→ sum 변수 값이 301로 확인

Autos Locals Watch 1

202

a와 b를 더한 값을 담은 변수 sum의 값이 300이 되어야 하는데, sum 변수 값을 보니 301이 되었습니다. sum 값을 확인해 봄으로써 Add_num함수에 문제가 있다는 것을 알아냈습니다.

Add_num함수를 자세하게 보니 20행에서 sum 값에 a, b을 더하고 또 1을 더해서 결과 값을 301로 출력한 것을 알 수 있습니다. 우선, 디버깅 작업을 마무리 하기 위하여 'F5'키를 한 번 더 눌러줍니다. 그리고 20행의 소스를 'sum = a+b;'로 수정합니다.

이제 모든 버그(Bug, 오류)를 찾았습니다. 정상적으로 프로그램이 실행되는지 확인해 볼까요? 'Ctrl' + 'F5'키를 눌러 버그(오류)를 제거한 프로그램을 실행해서 결과를 확인합니다.

이제 정상적으로 300을 출력한 것을 볼 수 있습니다.

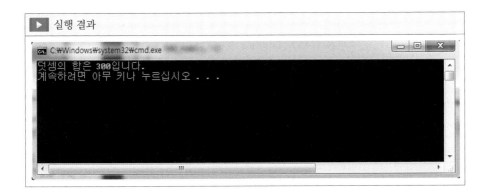

▶ 실행 결과

```
C:\Windows\system32\cmd.exe
덧셈의 합은 300입니다.
계속하려면 아무 키나 누르십시오 . . .
```

만약 여러분이 프로그램을 작성하다 프로그램에서 오류가 발생하면 먼저 어떻게 해야 할까요? 네 그렇습니다. 먼저 문법오류를 확인하고 다음으로 변수값들을 검토하면서 로직 오류가 있는지 확인해서 버그(오류)를 제거하기 바랍니다.

응용과제

과제 4.1   분식점에서 판매하는 떡볶이, 순대, 튀김, 어묵, 라면, 우동 등 6가지의 음식을 거품 정렬(Bubble Sort) 방법을 적용하여 오름차순으로 정렬하는 C 프로그램을 쏙(SOC)으로 설계하고 C 소스 코드로 변환하여 실행시켜 보세요.

과제 4.2   대만의 타이베이 라오허 야시장에서 파는 드렁허리면, 굴전, 삭힌두부튀김, 국수, 완자, 고기만두, 토스트, 숯불닭고기 등의 먹거리를 선택 정렬(Selection Sort) 방법을 적용하여 내림차 순으로 정렬하는 C 프로그램을 쏙(SOC)으로 설계하고 C 소스 코드로 변환하여 실행시켜 보세요.

과제 4.3   C언어 프로그램에서 구조체와 공용체의 차이를 조사하고 공용체를 활용한 프로그램을 쏙(SOC)으로 설계한 후, C 소스 코드로 변환하여 실행시켜 보세요.

과제 4.4   (주)고구려씨엔씨의 이사진은 고주몽, 소서노, 협부, 오이, 마리 등이며, 각각 50000주, 15000주, 5500주, 35000주, 8000주의 주식을 소유하고 있습니다. 이사진의 이름과 주식수를 배열로 저장하였다가, 키보드에서 A를 입력하면 이름을 기준으로 거품정렬을 이용하여 오름차순으로 정렬하여 출력하고, B를 입력하면 주식수를 기준으로 선택 정렬을 기준으로 오름차순으로 정렬하여 출력하며, 기타 문자를 입력하면 다시 키보드 입력을 요구하는 프로그램을 쏙(SOC)으로 설계한 후, C 소스 코드로 변환하여 실행시켜 보세요.

과제 4.5   쏙(SOC: Software Object Component)을 지원하는 잔디구조(Lawn structure)는 서브 함수를 사용하는 프로그램을 작성할 때, 프로그램 내역을 입체적으로 이해하는데 중요한 역할을 합니다. 잔디구조에서 순서화, 계열화, 계층화의 개념이 무엇을 의미하는지 조사해 보세요.

05

C언어로 컴퓨팅적 사고하기

5.1 컴퓨팅적 사고란 무엇일까요?

1993년에 Seymour Papert이 처음 설명한 이래 2006년에 카네기멜론 대학의 컴퓨터과학과의 자넷 윙(Jeanette Wing) 교수가 본격적으로 부각시킨 컴퓨팅적 사고(Computational Thinking)라는 개념이 지금 사회 전반에 큰 영향을 미치고 있습니다. 현재의 사회는 기존에 단순히 컴퓨터를 사용하기만 하는 방법으로는 적응하기 어려운 소프트웨어와 하드웨어가 결합되는 융복합 사회(Conbergence Society)입니다. 컴퓨터의 능력이 올라갈수록 컴퓨터에게 단순히 일을 시키는 방법을 배우기보다는 컴퓨팅적 사고를 통해 컴퓨터를 어떤 방법으로 활용하여 현실 사회의 문제를 해결할 것인가라는 창의적인 문제해결 접근 방법을 터득하는 것이 중요합니다.

그렇다면 컴퓨팅적 사고의 정체는 도대체 어떠한 것일까요?

 5.1.1 컴퓨팅적 사고의 개념 정의

컴퓨팅적 사고(Computational Thinking)에 대해서 자넷 윙 교수는 2008년에 "컴퓨팅적 사고와 컴퓨팅에 관한 사고(Computational Thinking and Thinking About Computing)"라는 주제의 발표에서 컴퓨팅적 사고가 21세기 중반에 전 세계의 사람들이 누구나 활용하는 기본적인 스킬로 작용할 것이라고 예언한 바 있습니다. 그는 아래와 같은 두 가지 A의 결합을 통해 컴퓨팅적 사고를 실현할 수 있다고 주장하였습니다.

- 첫 번째 A(Abstraction) : 추상화
- 두 번째 A(Automation) : 자동화

또한, 우리의 추상화 작업을 자동화하는 것이 컴퓨팅(Computing)이며, 컴퓨팅을 통해서 역량을 확장할 수 있음을 강조하였습니다. 컴퓨팅적 사고는 올바른 추상화 선택과 문제 해결을 위해 올바른 컴퓨터를 선택하는 것을 가능하게 한다고 주장하였습니다.

구글(Google)은 컴퓨팅적 사고를 다음과 같이 정의하고 있습니다.

- 컴퓨팅적 사고: 검색, 이메일 및 지도와 같은 컴퓨터 응용을 기초로 하는 프로그램을 소프트웨어 기술자가 작성하기 위해 사용하는 문제 해결 능력과 기술의 집합을 포함하는 사고

구글은 컴퓨팅적 사고에 필요한 기술로서 아래와 같이 네 가지를 제시하고 있습니다.

- 분해(Decomposition): 해결해야 할 과제나 문제를 단계 또는 부분으로 쪼개는 것
- 패턴 인식(Pattern Recognition): 시험을 위한 예측 및 모델을 만드는 것
- 패턴의 일반화 및 추상화(Pattern Generalization and Abstraction): 이러한 패턴을 일으키는 법률 또는 원칙을 발견하는 것
- 알고리즘 설계(Algorithm Design): 유사한 문제를 해결하고 과정을 반복하는 지침을 개발하는 것

5.1.2 컴퓨팅적 사고 지원 기술 개념의 사례

컴퓨팅적 사고(Computational Thinking)를 구글에서 제시한 기술을 기반으로 사례로 나타내면 다음과 같습니다.

컴퓨팅적 사고 지원 기술	컴퓨팅 개념	실사회에서의 사례
분해 (Decomposition)	LEGO brics	Composition　　　　　Decomposition
	Samtaeguk	Composition　　　　　Decomposition
패턴 인식 (Pattern Recognition)	Slot Machine	
	QR Code	

컴퓨팅적 사고 지원 기술	컴퓨팅 개념	실사회에서의 사례
패턴의 일반화 및 추상화 (Pattern Generalization and Abstraction)	Stack	
	Queue	
알고리즘 설계 (Algorithm Design)	SOC	
	Maze	

SOC 내용:

```
○정렬 범위를 정하여 거품정렬을 수행한다.
◇(i=0; i<N; i++)

    ○1회전 오름차순으로 거품정렬을 수행한다.
    ◇(j=0; j<(N-1-i); j++)

        △오름차순으로 데이터를 정렬한다.
        ◇(strcmp(parody[j], parody[j+1]) > 0)
        T  · strcpy_s(stringBuf, 15, parody[j]);
           · strcpy_s(parody[j], 15, parody[j+1]);
           · strcpy_s(parody[j+1], 15, stringBuf);
           · integerBuf = views[j];
           · views[j] = views[j+1];
           · views[j+1] = integerBuf;
```

05
C언어로 컴퓨팅적
사고하기

5.2 간단한 C 실습을 통한 컴퓨팅적 사고 연습

컴퓨팅적 사고의 개념을 파악하면서 이미 인지한 바와 같이 컴퓨팅적 사고의 개념을 전세계적인 영향력을 갖는 개념으로 발전시킨 자넷 윙 교수는 추상화 작업의 자동화(Automation of Abstractions)를 강하게 주장하고 있습니다. 컴퓨팅적 사고 개념의 아버지에 해당하는 자넷 윙 교수는 정말 놀라울 정도로 정확하게 진단하고 있습니다. 복잡한 문제를 단순화 하는 것이 바로 추상화이며, 추상화 작업을 자동화 하면 복잡한 문제를 손쉽게 체계화하고 정리하여 문제 해결의 방향과 초점을 정확하게 맞출 수 있기 때문입니다.

5.2.1 새틀(SETL)의 추상화 작업을 통한 컴퓨팅적 사고 연습

설계와 코딩을 융합하여 수행할 수 있도록 지원하는 새틀(SETL: Structured Efficiency TooL)은 추상화 작업의 자동화를 아주 손쉽게 지원합니다.

예를 들어, 씨앗 호떡을 만드는 방법을 레시피(Recipe)로 만들려고 할 때, 연관된 절차를 나열하면 다음과 같습니다.
- 씨앗 호떡을 만들 반죽 통과 굽는 판을 준비한다.
- 호떡용 밀가루 혼합물을 준비한다.
- 호떡용 씨앗과 흑설탕을 포함한 호떡 속을 준비한다.
- 물을 준비한다.
- 뒤집게를 준비한다.
- 식용유를 준비한다.
- 물 180[ml]정도를 반죽 통에 붓는다.
- 물의 온도를 40~45도 전후로 맞춘다.
- 호떡용 밀가루 혼합물을 반죽 통에 붓고 반죽한다.
- 반죽한 밀가루 혼합물의 가운데를 눌러 공간을 만들어 호떡 속을 넣는다.
- 말아서 호떡 형태를 만든다.
- 적당량의 식용유를 굽는 판 위에 붓는다.
- 호떡 형태로 만든 반죽을 굽는 판 위에 놓고 굽는다.
- 호떡 형태로 만든 반죽을 굽는 도중에 시간을 두고 뒤집게로 뒤집는다.
- 뒤집게로 찔러본 후 덜 익었으면 더 익힌다.
- 뒤집게로 찔러본 후 다 익었으면 그만 굽는다.
- 다 구운 호떡의 옆을 뒤집게로 벌려서 씨앗을 추가로 넣어 완성한다.
- 완성한 씨앗 호떡을 접어서 종이컵에 담는다.

이상과 같은 절차를 일일이 파악하여 레시피를 이해하는 것은 쉽지 않습니다.

복잡성을 통제하기 위해 새틀(SETL)을 사용하여 쏙(SOC: Structured Object Component) 설계도로 추상화 하면 아래와 같습니다.

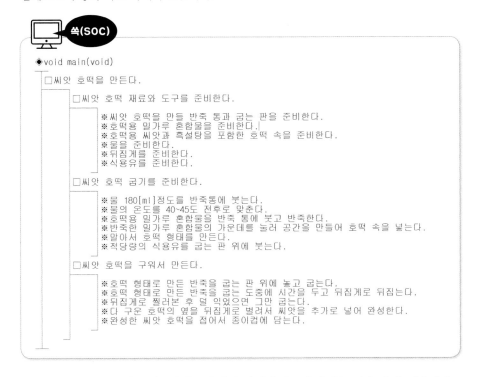

위의 쏙(SOC)을 보면 크게 3단계로 추상화 계열이 만들어져 있는 것을 알 수 있습니다.

가장 왼쪽의 첫 번째 열은 추상화 수준 0으로, 레시피 알고리즘의 목적을 나타냅니다. 여기서는 "씨앗 호떡을 만든다."가 전체 레시피 알고리즘의 목적을 나타냅니다.

두 번째 열은 추상화 수준 1로, 씨앗 호떡을 제작하는 순서의 개요를 나타냅니다. 여기서는 "씨앗 호떡재료와 도구를 준비한다.", "씨앗 호떡 굽기를 준비한다.", "씨앗 호떡을 구워서 만든다."의 3단계 절차가 순서의 개요를 형성합니다.

세 번째 열은 각 단계별 상세한 절차를 나타냅니다.

즉, 추상화 수준 0은 문제 해결을 위한 알고리즘의 목적, 추상화 수준 1은 문제 해결을 위한 알고리즘의 개요 설계, 추상화 수준 2는 문제 해결을 위한 알고리즘의 상세 설계를 나타냅니다. 상세 설계 작업을 바로 들어가기보다는 문제 해결 알고리즘의 목적→개요 설계→상세 설계의 순으로 추상도를 가장 높은 계열부터 시작하여 점차적으로 낮은 계열로 진행해나가는 것이 좋습니다. 하지만, 이미 상세 설계 작업을 바로 진행해버렸을 경우에는 어떻게 해야 할까요? 바로 이러한 경우에 새틀(SETL)의 「추상화 조립」 기능을 이용하여 "추상화 작업의 자동화(Automation of Abstractions)"를 도모해 줍니다.

새틀(SETL)을 이용하면 구체화 내역을 추상화(Abstraction)할 때, 일반화(Generalization)와 집단화(Aggregation)를 모두 쉽게 자동화 할 수 있습니다.

05
C언어로 발휘하는
사고력

5.2.2 새틀(SETL)의 구체화 작업을 통한 컴퓨팅적 사고 연습

컴퓨팅적 사고 개념의 기반이 되는 추상화 능력을 효율적으로 증진시키기 위해서는 단순히 추상화 측면에서만 생각해서는 안되며, 추상화와 구체화의 사이를 자유롭게 순방향 및 역방향으로 왕복하면서 자동화를 도모할 수 있어야 합니다.

예를 들어서, 씨앗 호떡 만들기 레시피 알고리즘의 목적과 개요 설계와 상세 설계를 완성한 상태에서 C 프로그램을 일부 작성하는 구체화 구현 작업을 수행하려고 한다고 상정해 보십시오. 기존에는 설계한 내역을 보면서 일일이 코딩 작업을 수행했을 것입니다. 하지만 이렇게 해서는 전체적인 문제 해결 과정을 파악하면서 구현하기가 어려워 효율적인 작업이 곤란했습니다.

하지만, 새틀(SETL)을 이용하면, 아래와 같이 문제 해결 알고리즘의 목적→개요 설계→상세 설계에 이어 전체적으로 소스 코드 생성까지의 구체화 작업을 자동화 할 수 있습니다. 즉, 새틀(SETL)은 아래와 같은 기능을 통해 추상화 작업의 자동화(Automaton of Abstractions)와 더불어 구체화 작업의 자동화(Automation of Specializations)도 손쉽게 지원합니다.

- 순공학(Forward Engineering) 기능: 목적→개요 설계→상세 설계→코딩
- 역공학(Reverse Engineering) 기능: 코딩→상세 설계→개요 설계→목적

특히, 「추상화 조립」 및 「구체화 분해」 기능의 지원을 통해 정밀한 작업을 수행할 수 있습니다. 새틀을 이용한 부분적인 구체화 작업의 자동화 결과를 나타내면 다음과 같습니다.

```
①  ②  ③  ④
                ·scanf_s("%c", &status, sizeof(status));
                ·fflush(stdin); ※표준 입력을 초기화 한다.
                △씨앗 호떡이 다 익었는지 여부에 따라 처리한다.
                    ◇(status=='A')
                    ┌─┐ T  ·printf("씨앗 호떡을 %s\n\n", bake[0]);
                    │◇(status=='B')
                    ┌─┐ T  ·printf("씨앗 호떡을 %s\n\n", bake[1]);
                    │◇
                    ┌─┐ T  ·printf("잘못 입력했습니다. 다시 입력해주십시오!\n\n");
        T─┐ ◇(status=='B')
                ·printf("씨앗 호떡 굽는 작업을 완료하였습니다.\n");
                ※다 구운 호떡의 옆을 뒤집게로 벌려서 씨앗을 추가로 넣어 완성한다.
                ※완성한 씨앗 호떡을 접어서 종이컵에 담는다.
```

위의 상세 설계 및 코드 수준까지 작성한 내역을 새틀(SETL)은 「순공학 변환」 기능을 이용하여 Visual Studio에서 컴파일할 수 있는 수준으로 자동 변환합니다. 1,000라인을 기준으로 생각해 보더라도 약 1초이내의 시간으로 순식간에 변환을 완료하기 때문에 대기시간을 거의 느끼지 못할 정도입니다.

프로그램

```
1    #include <stdio.h>
2
3    void main(void) {
4      char status;
5      char bake[2][16] = {"계속 익힙니다.", "그만 익힙니다."};
6
7      //.씨앗 호떡을 만든다.
8      {
9
10       //.씨앗 호떡 재료와 도구를 준비한다.
11       {
12         // 씨앗 호떡을 만들 반죽 통과 굽는 판을 준비한다.
13         // 호떡용 밀가루 혼합물을 준비한다.
14         // 호떡용 씨앗과 흑설탕을 포함한 호떡 속을 준비한다.
15         // 물을 준비한다.
16         // 뒤집게를 준비한다.
17         // 식용유를 준비한다.
```

05
C언어로 비주얼
사고하기

```
18        }
19
20        //.씨앗 호떡 굽기를 준비한다.
21        {
22          // 물 180[ml]정도를 반죽통에 붓는다.
23          // 물의 온도를 40~45도 전후로 맞춘다.
24          // 호떡용 밀가루 혼합물을 반죽 통에 붓고 반죽한다.
25          // 반죽한 밀가루 혼합물의 가운데를 눌러 공간을 만들어 호떡 속을 넣는다.
26          // 말아서 호떡 형태를 만든다.
27          // 적당량의 식용유를 굽는 판 위에 붓는다.
28        }
29
30        //.씨앗 호떡을 구워서 만든다.
31        {
32          // 호떡 형태로 만든 반죽을 굽는 판 위에 놓고 굽는다.
33
34          //.씨앗 호떡이 익을 때까지 굽는다.
35          for (;;) {
36            // 호떡 형태로 만든 반죽을 굽는 도중에 시간을 두고 뒤집게로 뒤집는다.
37            // 뒤집게로 씨앗 호떡을 찔러본다.
38            printf("다 익었는지 입력해주십시오. 'A': 덜 익음, 'B': 다 익음 ?");
39            scanf_s("%c", &status, sizeof(status));
40            fflush(stdin);  // 표준 입력을 초기화 한다.
41
42            //.씨앗 호떡이 다 익었는지 여부에 따라 처리한다.
43            if (status=='A') {
44              printf("씨앗 호떡을 %s₩n₩n", bake[0]);
45            }
46            else if (status=='B') {
47              printf("씨앗 호떡을 %s₩n₩n", bake[1]);
48            }
49            else {
50              printf("잘못 입력했습니다. 다시 입력해주십시오!₩n₩n");
51            }
52            if (status=='B') break;
53          }
54          printf("씨앗 호떡 굽는 작업을 완료하였습니다.₩n");
55          // 다 구운 호떡의 옆을 뒤집게로 벌려서 씨앗을 추가로 넣어 완성한다.
56          // 완성한 씨앗 호떡을 접어서 종이컵에 담는다.
57        }
58      }
59  }
60
```

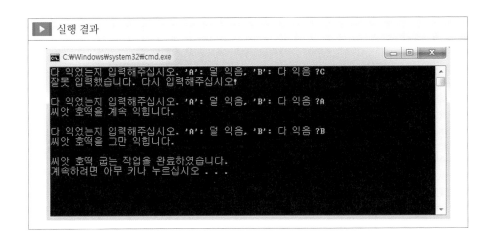

```
■ C:\Windows\system32\cmd.exe

다 익었는지 입력해주십시오. 'A': 덜 익음, 'B': 다 익음 ?C
잘못 입력했습니다. 다시 입력해주십시오!

다 익었는지 입력해주십시오. 'A': 덜 익음, 'B': 다 익음 ?A
씨앗 호떡을 계속 익힙니다.

다 익었는지 입력해주십시오. 'A': 덜 익음, 'B': 다 익음 ?B
씨앗 호떡을 그만 익힙니다.

씨앗 호떡 굽는 작업을 완료하였습니다.
계속하려면 아무 키나 누르십시오 . . .
```

5.3 컴퓨팅적 사고 응용력 배양 C 프로그램 실습

컴퓨팅적 사고(Computational Thinking)라는 것을 너무 어렵게 생각하는 사람들도 있습니다. 컴퓨팅적 사고를 파악할 때 전체적인 시각에서 통찰력을 가지고 볼 필요가 여기에 있습니다. 컴퓨팅적 사고란 그냥 간단하게 미래의 세상에서는 인간이 자력갱생하는 형태가 아니라 컴퓨터의 능력을 최대한 활용할 수 있는 형태로 인간의 두뇌사고를 통합하는 것이 중요합니다. 이처럼 인간 사고와 컴퓨터 능력을 통합하는 형태의 사고가 컴퓨팅적 사고라고 볼 수 있습니다.

그럼, 앞에서 기본적인 컴퓨팅적 사고의 연습을 하였으니, 이제는 실사회에서 일어날 수 있는 예를 하나 더 들어서 컴퓨팅적 사고를 시각화 C 프로그래밍에 응용하는 실습을 해보기로 하겠습니다.

5.3.1 추상화와 알고리즘을 병합한 컴퓨팅적 사고 응용 연습

설계와 코딩을 융합하여 수행할 수 있도록 지원하는 새틀(SETL: Structured Efficiency TooL)은 추상화 작업의 자동화와 더불어 알고리즘의 이해 및 적용도 아주 손쉽게 지원하는 것이 가능합니다.

예를 들어, 전세계적으로 상상을 초월하는 유튜브 조회수를 기록한 강남스타일을 패러디 한 뮤직비디오들이 어느 정도의 조회수를 기록하고 어떠한 것들이 있는지 조사하여 이름순과 조회수가 높은 순으로 출력하는 프로그램을 만들려고 할 때 연관된 절차를 나열하면 다음과 같습니다.(단, 주제만 따오고 조회수 등 일부 가상으로 설정하였습니다.)
- 유튜브에 접속한다.
- 강남스타일 패러디를 조회한다.
- 강남스타일 패러디 명과 조회수를 확인하여 기록한다.
- 정렬 기준을 이름순 또는 조회수 순으로 선택하도록 정한다.
- 정렬방법은 선택정렬(Selection Sort) 알고리즘을 채택한다.
- 이름순으로 정렬할 경우 번호, 패러디 명, 조회수 형태로 정렬 결과를 출력한다.
- 이름순 정렬의 경우 오름차순(Ascending) 방법으로 진행한다.
- 조회수로 정렬할 경우 순위, 조회수, 패러디 명 형태로 정렬 결과를 출력한다.
- 조회수 정렬의 경우 내림차순(Descending) 방법으로 진행한다.
- 선택을 잘못할 경우에는 메시지를 출력학고 다시 정렬 방법을 선택받는다.
- 프로그램은 정렬 방법을 정확히 선택하여 정렬 처리 결과를 출력할 경우에 종료한다.

이처럼, 일상 생활에서 강남스타일 패러디물에 대한 조사 결과를 컴퓨터로 처리할 경우와 같은 사례를 흔히 발생할 수 있습니다. 또한, 여기에는 정렬(Sort)이라는 알고리즘을 포함하고 있습니다.

이 경우에도 복잡성을 통제하기 위해 새틀(SETL)을 사용하여 쏙(SOC: Structured Object Component) 설계도로 추상화 하면 아래와 같습니다.

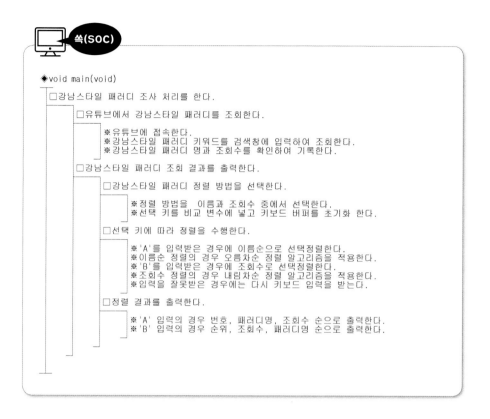

위의 쏙(SOC)의 경우에도 크게 3단계로 추상화 계열이 만들어져 있는 것을 알 수 있습니다.

가장 왼 쪽의 첫 번째 열은 추상화 수준 0으로, 강남스타일 패러디 조사 처리의 목적을 나타냅니다. 여기서는 "강남스타일 패러디 조사 처리를 한다."가 전체 정렬 알고리즘의 목적을 나타냅니다.

두 번째 열은 추상화 수준 1로, 강남스타일 패러디 조사 처리를 하는 순서의 개요를 나타냅니다. 여기서는 "유튜브에서 강남스타일 패러디를 조회한다.", " 강남스타일 패러디 조회 결과를 출력한다."의 2단계 절차가 순서의 개요를 형성합니다.

세 번째 열은 각 단계별 상세한 절차를 나타냅니다.

즉, 추상화 수준 0은 문제 해결을 위한 알고리즘의 목적, 추상화 수준 1은 문제 해결을 위한 알고리즘의 개요 설계, 추상화 수준 2는 문제 해결을 위한 알고리즘의 상세 설계를 나타냅니다. 이런 식으로 일단 높은 추상화 수준으로 본 후 이 문제를 해결하기 위해 어떤 알고리즘을 적용할 것인지를 판단합니다. 여기서는 선택정렬 알고리즘의 적용을 확인할 수 있습니다.

이 경우에도, 상세 설계 작업을 바로 들어가기보다는 문제 해결 알고리즘의 목적→개요 설계→상세 설계의 순으로 추상도를 가장 높은 계열부터 시작하여 점차적으로 낮은 계열로 진행해나가는 것이 좋습니다.

5.3.2 새틀(SETL)을 이용한 알고리즘의 결합 실습

컴퓨팅적 사고 증진에 있어서 추상화와 더불어 아주 중요한 요소가 알고리즘입니다. 알고리즘은 어떤 특정한 문제를 해결하기 위해서 최적화 한 해법을 뜻합니다. 그렇기 때문에, 문제 해결에 필요한 알고리즘을 많이 알고 있을수록 문제 해결에 걸리는 시간과 노력을 크게 절감할 수 있습니다. 더 나아가서는 알고리즘의 응용을 통해 안정적인 문제 해결을 위한 응용 과제로의 발전도 효율적으로 도모할 수 있습니다.

새틀(SETL)을 활용하면, 알고리즘의 기반을 형성하는 패턴 인식을 쉽게 행할 수 있기 때문에 효율적인 알고리즘 적용이 가능합니다.

전체 문제 해결과정에서 조사한 결과를 정렬하여 출력하는 부분에만 알고리즘을 적용하여, 설계와 코딩을 융합한 형태의 쏙(SOC)으로 시각화 C프로그래밍을 수행한 결과는 다음과 같습니다.

① ② ③ ④ ⑤

```
                    ◇(j=i+1; j<N; j++)
                       △오름차순으로 데이터를 정렬한다.
                          ◇(strcmp(parody[i], parody[j]) > 0)
                       T  · strcpy_s(stringBuf, 15, parody[i]);
                          · strcpy_s(parody[i], 15, parody[j]);
                          · strcpy_s(parody[j], 15, stringBuf);
                          · integerBuf = views[i];
                          · views[i] = views[j];
                          · views[j] = integerBuf;

                □ 'A' 입력의 경우 번호, 패러디명, 조회수 순으로 출력한다.
                    · printf("₩n패러디 물의 이름순 선택정렬이 완료되었습니다!₩n");
                    · printf("==================================================₩n");
                    ○
                    ◇(i=0; i<N; i++)
                       · printf("%2d번  %-15s  조회수 %-10d₩n", i+1, parody[i], views[i]);

      ◇(keyInput=='B')
      T ※ 'B'를 입력받은 경우에 조회수로 선택정렬한다.
        ○정렬 범위를 정하여 선택정렬을 수행한다.
           ◇(i=0; i<N-1; i++)
              ○1회전 내림차순으로 선택정렬을 수행한다.
                 ◇(j=i+1; j<N; j++)
                    △내림차순으로 데이터를 정렬한다.
                       ◇(views[i] < views[j])
                    T  · integerBuf = views[i];
                       · views[i] = views[j];
                       · views[j] = integerBuf;
                       · strcpy_s(stringBuf, 15, parody[i]);
                       · strcpy_s(parody[i], 15, parody[j]);
                       · strcpy_s(parody[j], 15, stringBuf);

           □ 'B' 입력의 경우 순위, 조회수, 패러디명 순으로 출력한다.
              · printf("₩n패러디 물의 조회순 선택정렬이 완료되었습니다!₩n");
              · printf("==================================================₩n");
              ○
              ◇(i=0; i<N; i++)
                 · printf("%2d위  조회수 %-10d  %-15s₩n", i+1, views[i], parody[i]);

      ◇
      T · printf("₩n선택이 잘못되었습니다! 다시 입력해주십시오!₩n");
T—◇(keyInput=='A' || keyInput=='B')
```

프로그램

```c
1   #include <stdio.h>
2   #include <string.h>
3
4   #define N 5
5   char parody[5][15] = {"홍대스타일","경찰스타일","압구정스타일","연습생스타
    일","오빠딱내스타일"};
6   long views[5] = {1092337601, 57066088, 86711041, 61624459, 6239965500};
```

```
7
8
9    void main(void) {
10       char stringBuf[15] = "";
11       int integerBuf;
12       char i;
13       char j;
14       char keyInput;
15
16       //.강남스타일 패러디 조사 처리를 한다.
17       {
18
19          //.유튜브에서 강남스타일 패러디를 조회한다.
20          {
21             // 유튜브에 접속한다.
22             // 강남스타일 패러디 키워드를 검색창에 입력하여 조회한다.
23             // 강남스타일 패러디 명과 조회수를 확인하여 기록한다.
24          }
25
26          //.강남스타일 패러디 조회 결과를 출력한다.
27          for (;;) {
28
29             //.강남스타일 패러디 정렬 방법을 선택한다.
30             {
31                printf("정렬 방법을 선택하세요(A: 패러디 명, B: 조회수)=?");
32                scanf_s("%c",&keyInput, sizeof(keyInput));  // 선택 키 입력
33                fflush(stdin);   // 키보드 버퍼 초기화
34             }
35
36             //.선택 키에 따라 정렬을 수행한다.
37             if (keyInput=='A') {
38                // 'A'를 입력받은 경우에 이름순으로 선택정렬한다.
39
40                //.정렬 범위를 정하여 선택정렬을 수행한다.
41                for (i=0; i<N-1; i++) {
42
43                   //.1회전 오름차순으로 선택정렬을 수행한다.
44                   for (j=i+1; j<N; j++) {
45
46                      //.오름차순으로 데이터를 정렬한다.
47                      if (strcmp(parody[i], parody[j]) > 0) {
48                         strcpy_s(stringBuf, 15, parody[i]);
49                         strcpy_s(parody[i], 15, parody[j]);
```

```
50                    strcpy_s(parody[j], 15, stringBuf);
51                    integerBuf = views[i];
52                    views[i] = views[j];
53                    views[j] = integerBuf;
54                }
55              }
56           }
57
58        //.'A' 입력의 경우 번호, 패러디명, 조회수 순으로 출력한다.
59        {
60            printf("\n패러디 물의 이름순 선택정렬이 완료되었습니다!\n");
61            printf("=============================================
     ====\n");
62
63            //.
64            for (i=0; i<N; i++) {
65                    printf("%2d번   %-15s   조회수 %-10d\n", i+1, parody[i],
     views[i]);
66            }
67          }
68        }
69     else if (keyInput=='B') {
70        // 'B'를 입력받은 경우에 조회수로 선택정렬한다.
71
72        //.정렬 범위를 정하여 선택정렬을 수행한다.
73        for (i=0; i<N-1; i++) {
74
75            //.1회전 내림차순으로 선택정렬을 수행한다.
76            for (j=i+1; j<N; j++) {
77
78                //.내림차순으로 데이터를 정렬한다.
79                if (views[i] < views[j]) {
80                   integerBuf = views[i];
81                   views[i] = views[j];
82                   views[j] = integerBuf;
83                   strcpy_s(stringBuf, 15, parody[i]);
84                   strcpy_s(parody[i], 15, parody[j]);
85                   strcpy_s(parody[j], 15, stringBuf);
86                }
87            }
88        }
89
90        //.'B' 입력의 경우 순위, 조회수, 패러디명 순으로 출력한다.
```

05
C언어로 창의적
사고하기

221

```
91          {
92              printf("\n패러디 물의 조회순 선택정렬이 완료되었습니다!\n");
93              printf("=========================================
    ====\n");
94
95              //.
96              for (i=0; i<N; i++) {
97                  printf("%2d위   조회수 %-10d  %-15s\n", i+1, views[i],
    parody[i]);
98              }
99          }
100     }
101     else {
102         printf("\n선택이 잘못되었습니다! 다시 입력해주십시오!\n");
103     }
104     if (keyInput=='A' || keyInput=='B') break;
105   }
106  }
107}
108
```

▶ 실행 결과

```
C:\Windows\system32\cmd.exe
정렬 방법을 선택하세요<A: 패러디 명, B: 조회수>=?A

패러디 물의 이름순 선택정렬이 완료되었습니다!
=======================================
 1번  경찰스타일          조회수 57066088
 2번  압구정스타일         조회수 86711041
 3번  연습생스타일         조회수 61624459
 4번  오빠딱내스타일        조회수 1944998204
 5번  홍대스타일          조회수 1092337601
계속하려면 아무 키나 누르십시오 . . .
```

```
C:\Windows\system32\cmd.exe
정렬 방법을 선택하세요<A: 패러디 명, B: 조회수>=?C

선택이 잘못되었습니다! 다시 입력해주십시오!
정렬 방법을 선택하세요<A: 패러디 명, B: 조회수>=?B

패러디 물의 조회순 선택정렬이 완료되었습니다!
=======================================
 1위  조회수 1944998204    오빠딱내스타일
 2위  조회수 1092337601    홍대스타일
 3위  조회수 86711041     압구정스타일
 4위  조회수 61624459     연습생스타일
 5위  조회수 57066088     경찰스타일
계속하려면 아무 키나 누르십시오 . . .
```

5.4 C 알고리즘 교체는 컴퓨팅적 사고 증진의 촉매제

설계와 코딩을 융합하는 시각화 C 프로그래밍 방법이 컴퓨팅적 사고(Computational Thinking) 증진을 지원해주는데 적합한 이유는 또 하나 있습니다. 그것은 바로 쏙(SOC: Structured Object Component)을 지원하는 새틀(SETL: Structured Efficiency TooL)이라는 도구를 통해 알고리즘 패턴을 자유롭게 교체해 줄 수 있다는 것입니다.

알고리즘 패턴을 교체한다는 것은 아주 중요한 의미를 가집니다. 서울에서 부산을 가는 것이 목표라고 할 때, 알고리즘을 교체해준다는 것은 서울에서 부산을 가기 위한 교통편을 적절히 선택하는 것과 동일한 개념입니다.

5.4.1 목적지는 동일해도 가는 방법은 여러가지!

설계와 코딩을 융합하여 수행할 수 있도록 지원하는 새틀(SETL: Structured Efficiency TooL)은 추상화 작업의 자동화와 더불어 알고리즘의 이해 및 적용도 아주 손쉽게 지원하는 것이 가능합니다.

예를 들어, 앞의 5.3.2절의 정렬 알고리즘을 현재의 선택 정렬(Selection Sort) 방법에서 거품 정렬(Bubble Sort) 방법으로 바꾸려고 하면 아래의 예와 같이 쏙(SOC)의 패턴을 선택 정렬에서 거품 정렬로 교체해주면 간단합니다.

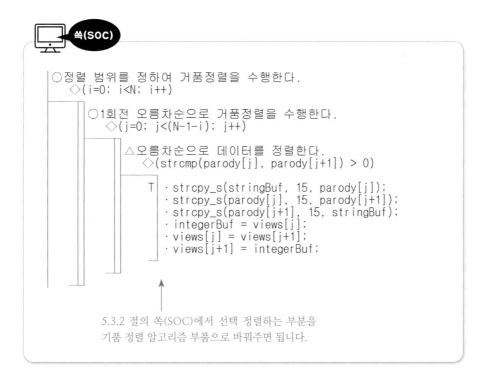

5.4.2 C 알고리즘의 변환을 촉매제로 삼아 무한한 발전을!

　C 알고리즘은 코딩으로 구현할 수도 있습니다. 하지만, 이제까지 계속 실습을 해온 바와 같이, 설계와 코딩을 융합하는 병렬형 개발 방법을 기반으로 쏙(SOC)으로 일단 알고리즘 부품을 다른 것으로 교체해주기만 하면 새틀(SETL)의 순공학 기능을 이용하여 간단하게 C 소스 코드로 변환해 줄 수 있습니다. 설계와 코딩을 융합하여 수행할 수 있도록 지원하는 새틀(SETL: Structured Efficiency TooL)은 추상화 작업의 자동화와 더불어 알고리즘의 이해 및 적용도 아주 손쉽게 지원하는 것이 가능합니다.

　이처럼 동일한 목적의 프로그램도 어떤 알고리즘으로 구현하는가에 따라서, 문제 해결을 보다 효율적이고 효과적으로 최적화 해 줄 수 있습니다. 아울러 이러한 패턴 변환 연습을 지속적으로 해나가는 가운데 알고리즘의 변환 기술을 촉매제로 삼아 컴퓨팅적 사고를 무한히 확장해나갈 수 있습니다! 무한한 상상의 꿈이 현실로 나타나는 멋진 세계로!

프로그램

```
40          //.정렬 범위를 정하여 거품정렬을 수행한다.
41          for (i=0; i<N; i++) {
42
43              //.1회전 오름차순으로 선택정렬을 수행한다.
44              for (j=0; j<(N-1-i); j++) {
45
46                  //.오름차순으로 데이터를 정렬한다.
47                  if (strcmp(parody[j], parody[j+1]) > 0) {
48                      strcpy_s(stringBuf, 15, parody[j]);
49                      strcpy_s(parody[j], 15, parody[j+1]);
50                      strcpy_s(parody[j+1], 15, stringBuf);
51                      integerBuf = views[j];
52                      views[j] = views[j+1];
53                      views[j+1] = integerBuf;
54                  }
55              }
56          }
57
```

⚙️ 응용과제

과제 5.1 이 사회에서 컴퓨팅적 사고(Computational Thinking)를 필요로 하는 사례를 각 분야별로 상세히 조사하고, C 프로그래밍으로 구현이 가능한지 여부를 생각해 보세요.

과제 5.2 IoT(Internet of Things)를 포함하는 ICT(Information & Communication Technology) 융합 교육에 컴퓨팅적 사고를 적용하는 방안을 조사하고, 설계와 코딩을 융합하는 시각화 C 프로그래밍 방법을 구체적으로 컴퓨팅적 사고 능력 증진에 어떻게 활용할 수 있을지 정리해 보세요.

과제 5.3 컴퓨팅적 사고를 적용한 것으로 볼 수 있는 실제 문제 해결 사례를 조사하고 구체적으로 컴퓨팅적 사고가 문제 해결에 어떠한 핵심적인 역할을 하였는지 제시해 보세요.

과제 5.4 컴퓨팅적 사고를 기반으로 설계와 코딩을 융합한 시각화 C 프로그래밍을 실제 프로젝트 현장에서 적용함에 있어서 장애요소는 무엇이며, 그러한 장애요소를 어떻게 하면 효율적이고 효과적으로 극복할 수 있는지 합리적인 방안을 정리하여 제시해 보세요.

과제 5.5 순수한 한국적인 기술로 탄생한 병렬 개발(Parallel Development)을 지향하는 설계와 코딩 융합의 시각화 C 프로그래밍 기술을 세계화 하는 구체적인 아이디어를 제시해 보세요.

🐾 앞으로를 위하여

C언어와 시각화 프로그래밍이라는 양면적인 주제를 가지고 독자님과 더불어 공부해 오는 가운데 벌써 이 책의 마무리 시점에 도달하였습니다.

이 책에서는 원칙적인 설계로부터 코딩으로의 진행이라는 순공학적인 측면의 접근을 기반으로 하였습니다. 그러면서 부득이 코딩을 먼저 하였다 하더라도 소스 코드에서 설계를 재생할 수 있는 역공학 기술까지 포함한 전체적인 소프트웨어 재공학 기술을 다루었습니다.

객체지향 분석 및 설계의 대가인 세 명의 친구(Three Amigos: Jim Rumbaugh, Ivar Jacobson, and Grady Booch) 중의 한 명인 그래디 부치는 왕복 게스탈트(Round-Trip Gestalt)의 중요성을 강조하였습니다. 즉, 왕복 게스탈트라는 개념을 정리하여 설명하자면, 설계는 프로그래밍의 완료를 통해 끝나며, 프로그래밍은 설계의 완료를 통해 끝난다는 의미입니다. 다시 말해서, 설계와 코딩은 분리할 수 있는 작업이 아니라, 병행함으로써 존재 가치를 가지는 실체라는 뜻입니다.

기존의 소프트웨어 공학계에서는 프로그래밍 언어의 발전과 개발 방법론의 발전을 밀접하게 연계하여 생각하는 경향이 있었습니다. 예를 들어, C언어와 같은 구조적 프로그래밍 언어는 폭포수형 개발 방법론의 적용만이 가능하며, C++이나 Java와 같은 객체지향 프로그래밍 언어에서만 반복적이고 점진적인(Iterative and Incremental) 개발 방법론의 적용이 가능하리라는 생각이 바로 그것입니다.

하지만, 이제까지의 설계와 코딩을 융합한 시각화 C 프로그래밍을 통해서 확인하신 바와 같이, 소프트웨어 개발에 소프트웨어 재공학(Software Reengineering) 기술을 적용하면, C언어와 같은 구조적 프로그래밍 언어를 사용하더라도 당연히 반복적이고 점진적인 개발 방법론의 적용이 가능합니다.

더 나아가서, 분석과 설계와 코딩의 어느 단계에서 작업을 시작하더라도 병행적으로 모든 작업의 결과물을 상호 병합시켜 진행할 수 있는 병렬 개발(Parallel Development)도 손쉽게 실현하는 것이 가능함을 알 수 있습니다.

본 서에서는 설계와 코딩의 융합을 통한 시각화 C 프로그래밍 방법을 다루었지만, 분석과 설계와 코딩을 융합하는 방법도 당연히 가능합니다. 이 부분은 객체지향 언어인 Java언어에서 현재 실현하였으며, 앞으로 C언어에도 적용할 계획입니다.

분석과 설계와 코딩을 융합한 통합적인 시각에서의 객체지향 개발과 관련한 기술의 자세한 내역은 아래의 책을 참조하시기 바랍니다.

> 새틀(SETL)을 이용한 JAVA 시각화 객체지향 입문 /
> 유홍준지음 / (주)소프트웨어품질기술원

JAVA언어는 C언어를 기반으로 하여 탄생한 언어이기때문에 본 서를 공부한 분들은 손쉽게 JAVA의 세계로 진입하실 수 있을 것입니다.

또한, C언어 자체를 발전시킨 C++과 C#언어에 적용하는 객체지향 개념에 대해서는 아래의 서적을 참조하시기 바랍니다.

새틀(SETL)을 이용한 C++/C# 시각화 객체지향 개념 /
유홍준지음 / (주)소프트웨어품질기술원

이제까지 언급한 바와 같이 새틀(SETL)을 이용하여 설계와 코딩을 융합하는 시각화 C 프로그래밍 방법은 바로 왕복 게스탈트의 개념에 가장 충실하게 접근하기 위한 시도입니다. 이 책이 다룬 C언어를 가지고 컴퓨팅적 사고 증진을 통한 문제 해결 능력을 배양하시기 위해서는 알고리즘에 대한 다양한 경험과 이해를 도모하는 연습이 필요합니다. 이처럼 C언어 기반의 보다 다양한 시각화 알고리즘 기술을 습득하고 IoT(Internet of Things) 시대에의 적응력을 높이기 위해서는 아래의 서적을 참조하실 것을 권고해 드립니다.

새틀(SETL)을 이용한 시각화 C언어 기초 알고리즘 /
유홍준 · 정민희 지음 / (주)소프트웨어품질기술원

새틀(SETL)을 이용한 시각화 C언어 자료구조 /
유홍준 · 남미영 · 김성현 지음 / (주)소프트웨어품질기술원

본 서의 공저자를 비롯한 (주)소프트웨어기술원의 연구진들은 앞으로도 융복합 시대에 맞는 창의적이고 실무 지향적인 기술 개발과 서적의 집필에 전념하여 독자님들께 조금이라도 유익한 도움을 드릴 수 있도록 정성을 다하여 노력할 것을 다짐합니다.

감사합니다.

부록

🐾 1. 참고문헌

1. Flow Diagrams, Turing Machines And Languages With Only Two Formation Rules, CORRADO BÔHM AND GIUSEPPE JACOPINI, Communications of the ACM, Volume 9/ Number 5/ May, 1966, page 366 ~ 371

2. Structured Programming with go to Statements, DONALD E. KNUTH, Computing Surveys, Vol. 6, No. 4, December 1974, page 261 ~ 3013. 4. Letters to the Editor(Go To Statement Considered Harmful), EDSGER W. DIJKSTRA, Communications of the ACM, Volume 11/ Number 3/ March, 1968, page 147 ~ 148

3. Gary B. Shelly, http://www.amazon.com/Gary-B.-Shelly/e/B000AP9Q9G, 2014

4. プログラミングの方法(A METHOD OF PROGRAMMING), Edsger W. Dijkstra and W.H.J. Feijen, 玉井 浩 譯, サイエンス社, 19918. Generating test cases from UML activity diagram based on Gray-box method, Valdis Vitolins, Audris Kalnins, Software Engineering Conference, 2004. 11th Asia-Pacific, 2004

5. ダイアグラム法による ソフトウェア構造化技法(Diagramming Techniques for Analysts and Programmers), James Martin & Carma McClure, 國友義久·渡邊純一 譯, 近代科學社, 1991

6. 問題解決型 業務改善の考え方·進め方, 森谷宜暉·山下福夫 共著, 産能大學出版部, 1990

7. 새틀(SETL)을 이용한 시각화 SW 설계 자동화 방법론, 유홍준, (주)소프트웨어품질기술원, 2015

8. 시각화 설계 자동화 도구 새틀(SETL) 시작하기, 유홍준, (주)소프트웨어품질기술원, 2015

9. C言語によるはじめてのアルゴリズム入門, 河西朝雄, 技述評論社, 1992

10. C가 보이는 그램책, ANK Co., Ltd. 저, 김성훈 역, 성안당, 2012

11. Computational Thinking and Thinking About Computing, Jeannette M. Wing, Carnegie Mellon University, 2008

12. MINDSTORMS: Children, Computers, and Powerful Ideas, Seymour Papert, Basic Books, Inc., Pblishers, 1980

13. An exploration in the space of mathematics educations, Seymour Papert, BInternational Journal of Computers for Mathematical Learning 1., 1996

14. Exploring Computational Thinking, https://www.google.com/edu/resources/ programs/exploring-computational-thinking/, 2015

15. Computational thinking, Jeannette M. Wing, Communications of the ACM, 2006

16. C Programming and C++ Programming, http://www.cprogramming.com/, 2015

17. Programming Simplified, http://www.programmingsimplified.com/c-program- examples, 2015

18. Tutorialspoint, http://www.tutorialspoint.com/cprogramming/, 2015

19. Programiz, http://www.programiz.com/c-programming, 2015

20. 問題解決型 業務改善の考え方·進め方, 森谷宜暉·山下福夫 共著, 産能大學出版部, 1990

21. 自動システム設計のための標準ダイアグラム作成技法(RECOMMENDED DIAGRAMMING STANDARDS for ANALYSTS and PROGRAMMERS – A BASIS for AUTOMATION, James Martin, 松山一郎 譯, 近代科學社, 1991

22. Expert C Programming(DEEP C SECRETS), Peter Van Der Linden, SunSoft Press, 1994

23. Computational Thinking and CS@CMU, Jeannette M. Wing, Computer Science Department Carnegie Mellon University, 2006

24. プログラム スライシング技術と應用, 下村隆夫 著, 共立出版株式會社, 1995

25. The profession of IT: Beyond computational thinking, Peter J. Denning, Naval Postgraduate School in Monterey CA, 2010

26. Bringing Computational Thinking to K–12: What is Involved and What is the Role of the Computer Science Education Community?, VALERIE BARR, ACM Inroads archive Volume 2 Issue 1, March 2011 Pages 48–54, 2011

27. THE THREE Rs OF SOFTWARE AUTOMATION, CARMA McCLURE, Prentice Hall, 1992

28. 創造性の開發, 龜崎ヤスナオ 著, 産能大學, 1996

29. Computational Thinking for Youth in Practice, Irene Lee, ACM Inroads, 2011

30. 現代と能率, 森谷 ヨシテル 著, 産能大學, 1996

31. Algorithms in nature: the convergence of systems biology and computational thinking, Saket Navlakha andZiv Bar–Joseph, Molecular Systems Biology Volume 7, Issue 1, 2011

32. 其他 專門雜誌, 學術誌, 特許情報, 세미나資料, 辭典 等 參考資料

🐙 2. 저자소개

유홍준

- ㈜소프트웨어품질기술원 원장
- ㈔한국정보통신기술사협회 부회장
- 국가기술자격정책심의위원회 세부직무 분야
  전문위원회 위원(정보처리)
- 한국산업인력공단 직종별전문위원회 전문위원
  (정보처리)
- 한국정보통신기술협회(TTA) 정보통신표준화 위원회 위원
- 법원행정처 IT분야 전문 심리위원

- 학력저서: 성균관대학교 일반대학원 정보통신공학부 박사과정 수료, JAVA プログラミング入門(日本 技術評論社), MINDMAP을 이용한 JAVA 코딩 가이드라인, 소프트웨어 품질 매트릭 용어집, 소프트웨어 설계 자동화 방법론 등 다수
- 주요경력: 한국산업인력공단 근로자 직업능력개발훈련 적합훈련과정 심사 위원, 한국국제협력단(KOICA) 해외 정보화사업 평가 위원, 서울특별시 정보화사업 총괄 평가 위원, 건국대학교 정보통신대학원 정보통신학과(정보시스템 감리 전공) 겸임교수, 한국산업인력공단 IT분야 국가기술자격체계 설계, 한국산업인력공단 IT자격 국가간 상호인증 연구, 법원 IT관련 감정 평가, ICT분야 NCS개발 및 평가 위원 등 다수
- 감리경력: 약 15년간 기획재정부, 외교부, 통일부, 행정자치부, 법무부, 고용노동부, 산림청, 국토교통부, 여성가족부, 미래창조과학부, 중소기업청, 보건복지부, 대법원, 문화재청, 문화체육관광부, 국회사무처, 서울대학교, 한국해양대학교, 통계청, 방위사업청, 한국정보화진흥원, 한국은행, 기업은행, 해인사, 국회입법조사처, 서울시, 경기도청 등 정부부처 및 각종 공공기관에서 400건 이상의 정보시스템 감리 수행 및 350건 이상의 총괄감리원 업무 수행
- 보유자격: 정보관리기술사, 국제기술사(IE: APEC, EMF-IRPE), 수석감리원, 정보시스템감리사, 소프트웨어보안약점진단원, GIS감리원, 기술지도사(정보처리), 기술거래사, 정보통신특급감리원, 정보보호관리체계심사원보, 무선설비기사, 정보화경영체제(IMS)심사원, 전파통신기사, GIS컨설턴트

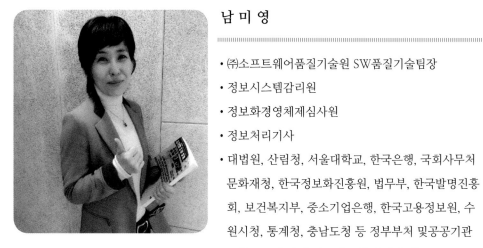

남미영

- ㈜소프트웨어품질기술원 SW품질기술팀장
- 정보시스템감리원
- 정보화경영체제심사원
- 정보처리기사
- 대법원, 산림청, 서울대학교, 한국은행, 국회사무처 문화재청, 한국정보화진흥원, 법무부, 한국발명진흥회, 보건복지부, 중소기업은행, 한국고용정보원, 수원시청, 통계청, 충남도청 등 정부부처 및공공기관 포함 123건 이상 정보시스템 감리 수행
- 인천전문대학, 한국기술사회, 제일공업, 금성다이아몬드, 대명엘리베이터 등 ISP 컨설팅 및 다수의 ERP 구축 경험

김 성 현

- ㈜소프트웨어품질기술원 수석연구원
- 정보시스템감리원
- PMP
- 정보처리기사
- 미래창조과학부 우정사업정보센터, 대법원, 한국토지주택공사, 국회입법조사처, 산림청, 농림수산식품기술기획평가원, 중소기업은행, 통계청, 한국고용정보원, 한국발명진흥회, 한국문화정보센터, 해인사 등 정부부처 및 공공기관 포함 63건 이상 정보시스템 감리 수행
- 리팩, 성원산업, 동원산업, 산업자원부, 한국전자산업환경협회, 미래교역 등 IT컨설팅 및 다수의 ERP 구축 경험

🐱 3. NCS 기반 평가지침 사례

◯⌁ 평가방법

- 평가자는 능력단위 충전장치 정비의 수행준거에 제시되어 있는 내용을 평가하기 위해 이론과 실기를 나누어 평가하거나 종합적인 결과물의 평가 등 다양한 평가 방법을 사용할 수 있다.
- 피 평가자의 과정평가 및 결과평가방법

평가방법	평가유형	
	과정평가	결과평가
A. 포트폴리오		∨
B. 문제해결 시나리오		∨
C. 서술형시험		
D. 논술형시험		
E. 사례연구		∨
F. 평가자 질문		
G. 평가자 체크리스트		
H. 피 평가자 체크리스트	∨	
I. 일지/저널		
J. 역할연기		
K. 구두발표	∨	
L. 작업장 평가	∨	
M. 기타		

🌚 4. NCS 기반 강의계획서 사례

강의계획서		

직무	능력단위/책무(Duty)	능력단위코드
시각화 C언어 기초 프로그래밍 (Visualized C Language Basic Programming)	C언어의 설치와 작동방법 이해하기	
	C언어 데이터와 연산자 활용하기	
	시각화 C언어 프로그래밍 익히기	
	C언어로 컴퓨팅적 사고력 증진하기	

교과목명	시각화 C언어 기초 프로그래밍	이수구분	전공필수 /전공선택	담당교수	홍길동
학년-학기	0학년-0학기	학 점	3	시수 (이론/실습)	3(1/2)

교과목표 (학습목표)	설계와 코딩을 융합하여 시각화 하는 기술을 이용하여 SW 프로그래밍의 기반을 형성하는 C언어를 실습을 통해 쉽게 익힐 수 있도록 함으로써, 실제 SW 개발 현장에서 개발 생산성 및 유지보수성의 양면적 시각으로 효율적인 작업이 가능하도록 C언어 기초 프로그래밍 능력을 확보하고, 이를 기반으로 컴퓨팅적 사고 능력을 배양하는데 있다.

교수학습 방법	이론 강의	실습	발표	토론	팀프로 젝트	캡스톤 디자인	프트 폴리오	기타
	○	○	○		○		○	

교육장소 (시 설)	일반 강의실	전용 실습실	컴퓨터 실습실	…	외부교육 시설	기타
		○	○			

교재 (NCS 학습모듈)	주교재	새틀(SETL)을 이용한 시각화 C언어 기초 익히기
	부교재	새틀(SETL)을 이용한 시각화 SW 설계 자동화 방법론
	참고 교재	시각화 설계 자동화 도구 새틀(SETL) 시작하기

평가방법	A	B	C	D	E	F	G	H	I	J	K	L	M
	○	○			○		○				○	○	

A. 포트폴리오 B. 문제해결시나리오 C. 서술형시험 D. 논술형시험 E. 사례연구 F. 평가자 질문 G. 평가자 체크리스트 H. 피평가자 체크리스트 I. 일지/저널 J. 역할연기 K. 구두발표 L. 작업장평가 M. 기타
※세부내용은 평가계획서에 기술됨

관련 능력 단위요소/ 작업(Task)	수행준거	지식·기술·태도
C언어의 설치와 작동방법 이해하기	1.1 C언어의 탄생 배경을 이해할 수 있다. 1.2 C언어의 동작원리를 이해할 수 있다. 1.3 설계와 코딩을 융합한 병렬형 개발 사상을 이해할 수 있다. 1.4 C언어 프로그래밍 도구의 설치와 기본적인 사용 방법을 습득할 수 있다.	[지식] ○ 컴퓨터 역사 ○ 설계모델링 ○ 프로그래밍 논리 자동화 방법 [기술] ○ 프로그래밍 도구 사용 기술 ○ 병렬 개발 기술 [태도] ○ 기술 습득을 위한 적극적인 자세 ○ 원리 이해를 지향한 집중적인 탐구 자세
C언어 데이터와 연산자 활용하기	1.1 C언어에서 사용하는 변수의 개념을 이해할 수 있다. 1.2 C언어 표준 입출력 함수의 사용법을 습득할 수 있다. 1.3 C언어에서 사용하는 연산자를 적용한 기초 프로그래밍을 할 수 있다. 1.4 연산의 우선 순위에 따른 C 프로그래밍을 할 수 있다.	[지식] ○ SW 공장 자동화 방법 ○ 설계와 코딩 병렬 구현 방법 ○ 기초 수학 [기술] ○ C언어 기초 프로그램 작성 기술 ○ 병렬 개발 기술 ○ 시각화 SW 공학 기술 [태도] ○ 프로그래밍 작엡에 대한 끈기있는 자세 ○ 원리 이해를 위한 적극적인 태도 ○ 과제의 철저한 실습을 위한 성실한 마음가짐
시각화 C언어 프로그래밍 익히기	1.1 3가지 제어구조의 원리를 이해하여 시각화 C 프로그래밍에 적용할 수 있다. 1.2 정상과 비정상 상황 처리를 C로 구현할 수 있다. 1.3 배열, 포인터 및 구조체 기반의 다차원 C 프로그래밍을 할 수 있다. 1.4 매크로 개념과 함수 개념을 이해하여 시각화 C 프로그래밍에 적용할 수 있다.	[지식] ○ 문제 해결 원리 ○ 논리적 사고 방법 [기술] ○ 구조화 프로그래밍 기술 ○ 프로그래밍 논리 구조화 기술 ○ 포인터 기반 자료구조 기술 ○ 구조체와 공용체 기반 자료구조 기술 [태도] ○ 복잡한 개념에 대한 적극적인 해결 자세 ○ 문제에 대한 객관적인 인식 태도 ○ 협업을 통한 문제해결 능력 극대화 자세 ○ 자신이 정립한 논리의 유연한 전달 자세

관련 능력 단위요소/ 작업(Task)	수행준거	지식·기술·태도
C언어로 컴퓨팅적 사고력 증진하기	1.1 컴퓨팅적 사고 개념을 이해하여 설계-코딩 융합 C 프로그래밍에 적용할 수 있다. 1.2 설계와 코딩 융합의 시각화 C 프로그래밍을 통해 간단한 C 프로젝트를 수행할 수 있다. 1.3 시각화 C 프로그래밍을 컴퓨팅적 사고 능력 증진 실무에 활용할 수 있다.	[지식] ○ 컴퓨팅적 사고 원리 ○ 설계와 코딩 융합 개발 방법 ○ 알고리즘 패턴화 방법 [기술] ○ 추상화 및 구체화 기술 ○ 프로그래밍 논리 시각화 응용 능력 ○ 알고리즘 패턴 진화 기술 [태도] ○ 실사회에의 컴퓨팅적 사고를 적용하는 자세 ○ 목표 알고리즘을 이해가 용이하도록 정리하는 자세 ○ 프로젝트 품질 관리를 위한 원활한 의사소통

주차별 학습내용		
주차	관련 능력단위요소 /작업(Task)	수업내용
1	C언어의 설치와 작동방법 이해하기	- C언어 탄생 배경과 향후 발전 전망 - C언어와 다른 언어와의 비교 이해 - C 프로그래밍 도구 다운로드 방법
2	C언어의 설치와 작동방법 이해하기	- C언어의 기본적인 동작 원리 - 시각화 C 프로그래밍의 필요성 - C 프로그래밍 도구의 설치 방법 - C언어 용 설계와 코딩 융합 도구 새틀(SETL_C) 설치 방법
3	C언어의 설치와 작동방법 이해하기	- 설계와 코딩 융합 도구 새틀(SETL_C)을 이용한 기초 시각화 C 프로그래밍 방법 - 순공학 기능을 이용한 C 코드 변환 방법 및 C 프로그래밍 도구에서의 컴파일-링크-실행 방법
4	C언어의 설치와 작동방법 이해하기	- C 프로그래밍 도구의 각종 기능에 대한 실습 기반의 학습 - C언어 용 설계와 코딩 융합 도구 새틀(SETL_C)의 각종 기능에 대한 실습 기반의 학습 - 설계와 코딩의 병렬형 개발 실습

주차	관련 능력단위요소 /작업(Task)	수업내용	비고
5	C언어 데이터와 연산자 활용하기	- 상수와 변수의 개념, 선언 및 기본적인 사용 방법 - 상수와 변수를 이용한 시각화 C 프로그래밍 실습	
6	C언어 데이터와 연산자 활용하기	- C언어에서 표준 입출력 헤더 파일의 역할과 구체적인 사용 방법 - 표준 입출력 헤더 파일을 이용한 시각화 C 프로그래밍 실습	
7	C언어 데이터와 연산자 활용하기	- 산술, 관계, 논리의 기본적인 3가지 연산자의 개념과 이를 이용한 시각화 C 프로그래밍 실습	
8	C언어 데이터와 연산자 활용하기	- C언어에서의 연산의 우선 순위의 개념과 구분 방법 - 연산자 우선 순위를 적용한 시각화 C 프로그래밍 실습	
9	시각화 C언어 프로그래밍 익히기	- 이음(순차), 갈래(선택), 되풀이(반복)의 3가지 C 제어구조의 제어원리 - 정상계와 비상계의 설계와 코딩 융합 기반 시각화 C 프로그래밍 실습	
10	시각화 C언어 프로그래밍 익히기	- 배열과 포인터의 개념을 바탕으로 하는 시각화 C 프로그래밍 실습	
11	시각화 C언어 프로그래밍 익히기	- 차원(Dimension)의 개념 - 배열과 포인터 이용 다차원 시각화 C 프로그래밍 실습	
12	시각화 C언어 프로그래밍 익히기	- 매크로의 개념과 서브 함수 개념을 적용한 C 프로그래밍 실습	
13	C언어로 컴퓨팅적 사고력 증진하기	- 컴퓨팅적 사고(Computational Thinking) 개념 - 컴퓨팅적 사고를 바탕으로 하는 시각화 C 프로그래밍 실습	
14	C언어로 컴퓨팅적 사고력 증진하기	- 설계와 코딩을 융합한 시각화 C 프로그래밍 프로젝트 과제의 수행 실습	
15	C언어로 컴퓨팅적 사고력 증진하기	- 시각화 C 프로그래밍 기반의 C 프로그래밍의 실무 활용 사례 연구	

5. NCS 기반 평가계획서 사례

평가계획서			
교과목명	C 프로그래밍	담당교수	홍길동
관련 직무명	C 프로그래밍	능력단위명 (능력단위코드)	시각화 C언어 기초 프로그래밍

	구분	배점	평가 개요
평가 개요	진단평가	–	• C 프로그래밍 교과의 학습성과를 달성하는데 필요한 사전 지식을 평가한다.
	출석평가	20%	• 매주 수업의 출결을 확인한다.
	직무능력평가 1	20%	• C언어의 탄생 배경과 발전 전망에 대한 이해 • C 언어 도구와 융합 도구 새틀(SETL)에 대한 이해
	직무능력평가 2	20%	• 상수, 변수, 헤더 파일과 연산자에 대한 이해 • 연산 우선 순위 기반 시각화 C 프로그래밍 방법
	직무능력평가 3	20%	• 제어구조의 개념, 차원, 매크로, 서브 함수의 이해 • 제어구조 기반 다차원 시각화 C 프로그래밍 방법
	직무능력평가 4	20%	• 컴퓨팅적 사고(Computational Thinking)의 원리 • 시각화 C 프로그래밍 프로젝트 수행 방법

평가 항목	평가내용 및 방법
진단 평가	· 평가내용: C 프로그래밍 교과의 학습 성과를 달성하는데 필요한 사전지식을 평가한다. · 평가시기: 1주차 · 영역별 평가내용

평가 영역	문항	자가진단		
		우수	보통	미흡
공통 기초	1. 일상생활에서 논리적인 사고를 한다.			
	2. 프로그램을 작성할 때 설계에 중점을 둔다.			
C언어의 설치와 작동방법 이해하기	3. C의 배경과 발전 전망을 이해하고 있다.			
	4. C의 동작 원리와 설치법을 이해하고 있다.			
	5. 융합 도구 새틀의 설치법을 이해하고 있다.			
	6. 병렬형 개발 방법을 이용한 시각화 C 프로그램 작성 및 실행 방법을 이해하고 있다.			

평가 항목	평가내용 및 방법				

	평가 영역	문항	자가진단		
			우수	보통	미흡
진단 평가	C언어 데이터와 연산자 활용하기	7. 상수, 변수의 개념과 선언 및 사용 방법을 이해하고 있다.			
		8. 표준 입출력 헤더 파일의 원리를 이해하고 시각화 C 프로그래밍에 적용할 수 있다.			
		9. 연산자의 개념을 이해하고 적용할 수 있다.			
		10. 연산자의 우선 순위를 이해하여 시각화 C 프로그래밍에 적용할 수 있다.			
	시각화 C언어 프로그래밍 익히기	11. 이음(순차), 갈래(선택), 되풀이(반복)의 3 가지 기본 제어구조를 이해하고 있다.			
		12. 정상계와 비상계를 구분한 융합적인 시각화 C 프로그래밍을 수행할 수 있다.			
		13. 배열, 포인터, 매크로 개념을 기반으로 하는 시각화 C 프로그래밍을 수행할 수 있다.			
		14. 차원의 개념을 기반으로 하는 다차원 시각화 C 프로그래밍을 수행할 수 있다.			
	C언어로 컴퓨팅적 사고력 증진하기	15. 컴퓨팅적 사고(Computational Thinking)의 기본 개념을 이해하여 현실에서 응용할 수 있다.			
		16. 설계와 코딩을 융합한 시각화 C 프로그래밍 프로젝트를 수행할 수 있다.			
		17. 설계와 코딩 융합 기반의 병렬형 개발 (Parallel Development) 접근을 통한 시각화 C 프로그래밍 방법을 실무에서 컴퓨팅적 사고 증진에 응용할 수 있다.			

· 평가방법: 자가진단 체크리스트
· 평가시 고려사항:
 − 진단평가 결과는 성적에 포함되는 것이 아니므로 솔직하게 응답하도록 한다.
· 평가 결과 활용 계획: 평가결과에 따라 교수학습계획을 수정·보완한다.

출석 평가	· 대학의 출석관련 규정 및 지침에 따름

평가 항목	평가내용 및 방법
직무 능력 평가 1	· 관련 능력단위요소: C언어의 설치와 작동방법 이해하기 · 평가내용: C언어의 탄생 배경, 발전 전망 및 동작 원리에 대한 폭넓은 이해를 바탕으로 설계와 코딩을 융합하는 형태의 병렬형 개발(Parallel Development) 기반의 시각화 C 프로그래밍을 위한 개발 환경 구성과 기본적인 동작 방법에 대한 이해 능력을 평가한다. · 평가시기: 3주차 · 세부평가내용

<table>
<tr><td rowspan="2">평가내용</td><td colspan="2">평가</td></tr>
<tr><td>예</td><td>아니오</td></tr>
<tr><td>1. C언어의 탄생 배경을 이해할 수 있다.</td><td></td><td></td></tr>
<tr><td>2. C언어의 동작원리를 이해할 수 있다.</td><td></td><td></td></tr>
<tr><td>3. 설계와 코딩을 융합한 병렬형 개발 사상을 이해할 수 있다.</td><td></td><td></td></tr>
<tr><td>4. C언어 프로그래밍 도구의 설치와 기본적인 사용 방법을 습득할 수 있다.</td><td></td><td></td></tr>
</table>

· 평가방법: 과제(과정평가: 작업장 평가)
· 평가 시 고려사항:
 − C언어가 소프트웨어 개발 실무에서 차지하고 있는 위치에 대한 정확한 인식을 바탕으로 도구의 사용 방법에 익숙하게 적응하는 능력을 평가한다.
 − C언어 기반의 프로그래밍을 효율적으로 수행함에 있어서는 집중력이 중요하므로 시각화 C 프로그래밍을 통해 집중력을 효율적으로 강화할 수 있는지 평가한다.

| 직무
능력
평가 2 | · 관련 능력단위요소: C언어 데이터와 연산자 활용하기
· 평가내용: 데이터와 연산자에 대한 개념 이해를 바탕으로 연산자 우선 순위를 적용한 병렬형 개발의 시각화 C 프로그래밍을 체계적으로 수행할 수 있는 능력의 정도를 평가한다.
· 평가시기: 6주차
· 세부평가내용 |

평가 항목	평가내용 및 방법

평가내용	평가	
	예	아니오
1. C언어에서 사용하는 변수의 개념을 이해할 수 있다.		
2. C언어 표준 입출력 함수의 사용법을 습득할 수 있다.		
3. C언어에서 사용하는 연산자를 적용한 기초 프로그래 밍을 할 수 있다.		
4. 연산의 우선 순위에 따른 C 프로그래밍을 할 수 있다.		

**직무
능력
평가 2**

· 평가방법: 과제(과정평가: 문제해결 시나리오, 결과평가: 구두발표, 중간고사)
· 평가 시 고려사항:
  - 실제 C언어를 사용하여 표준 입출력 헤더 파일을 포함하여 연산자 우선 순
    위를 적용한 C 프로그래밍을 적절히 수행할 수 있는지 평가한다.

· 관련 능력단위요소: 시각화 C언어 프로그래밍 익히기
· 평가내용: 정상과 비상 상황을 구분하는 제어구조, 배열, 포인터 및 매크로에
  대한 정확한 이해 기반의 다차원 시각화 C 프로그래밍 수행 능력을 평가한다.
· 평가시기: 9주차
· 세부평가내용

평가내용	평가	
	예	아니오
1. 3가지 제어구조의 원리를 이해하여 시각화 C 프로그 래밍에 적용할 수 있다.		
2. 정상과 비정상 상황 처리를 C로 구현할 수 있다.		
3. 배열과 포인터 기반 다차원 C 프로그래밍을 할 수 있 다.		
4. 매크로 개념과 함수 개념을 이해하여 시각화 C 프로그 래밍에 적용할 수 있다.		

**직무
능력
평가 3**

· 평가방법: 과제(과정평가: 작업장 평가, 결과평가: 사례연구)
· 평가 시 고려사항:
  - 3가지 제어구조를 바탕으로 하는 정상계와 예외적인 상황의 비상계에 대한
    충분한 이해를 하고 있는 정도를 평가한다.
  - 배열, 포인터, 차원, 매크로 등 개념 구분과 다차원의 시각화 C 프로그래밍
    능력의 함양 정도를 평가한다.

평가 항목	평가내용 및 방법
직무 능력 평가 4	· 관련 능력단위요소: C언어로 컴퓨팅적 사고력 증진하기 · 평가내용: 컴퓨팅적 사고(Computational Thinking)를 기반으로 설계와 코딩을 융합하는 시각화 C 프로그래밍 프로젝트를 수행하는 능력을 평가한다. · 평가시기: 14주차 · 세부평가내용

평가내용	평가	
	예	아니오
1. 컴퓨팅적 사고 개념을 이해하여 설계-코딩 융합 C 프로그래밍에 적용할 수 있다.		
2. 시각화 설계-코딩융합 C 프로그래밍을 통해 간단한 C 프로젝트를 수행할 수 있다.		
3. 시각화 C 프로그래밍을 컴퓨팅적 사고 능력 증진 실무에 활용할 수 있다.		

· 평가방법: 과제(결과평가: 포트폴리오(팀별, 개별), 기말고사)
· 평가 시 고려사항:
  - 컴퓨팅적 사고의 개념에 대한 정확한 이해 능력의 정도를 평가한다.
  - 팀단위 협업에 의해 복잡한 시각화 C 프로그래밍 프로젝트를 수행할 수 있는 능력의 확보 정도를 평가한다.
  - 시각화 C 프로그래밍 프로젝트를 통해 컴퓨팅적 사고 능력의 함양 정도를 평가한다.

향상/ 심화 계획	· 평가점수가 70점 미만 성취수준 미달자는 향상교육을 실시한 후 재평가한다. · 평가점수가 90점 이상인 성취수준 달성자는 심화교육을 실시한다.

🎭 6. 찾아보기

[ㅈ]

새틀(SETL)을 이용한

시각화 C언어 기초 익히기

초판 1쇄 발행 2015년 05월 22일

저   자   유 홍 준 | 남 미 영 | 김 성 현

편집 수석   정 민 희
편집 주임   박 경 화

발 행 자   (주)소프트웨어품질기술원
주   소   경기도 고양시 일산동구 호수로 358-39, 101-614
전   화   031-819-2900
팩   스   031-819-2910
등   록   2015년 2월 23일 제015-000042호

정가 16,000 원
ISBN 979-11-954829-5-5

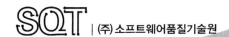

◯ 안 내

본 서에서 다루는 쏙(SOC)을 지원하는 새틀(SETL) 프로그램은 C언어의 코드
생성이 가능한 SETL_C 프로그램 교육용 버전입니다.

SETL_C 프로그램은 http://www.yessqt.com의 연구-소프트웨어-SETL_C 게
시판에서 최신 버전을 다운로드 받으시면 됩니다(무료사용권은 본 서의 구매일로
부터 6개월 입니다).

독자 여러분의 소중한 의견과 혹시 발견되는 오탈자 또는 편집, 디자인 및 인쇄,
제본 등에 대하여 연락 주시면 저자와 협의하여 즉시 수정·보완하여 더 좋은 책으
로 보답하겠습니다.

최선을 다하겠습니다. 감사합니다.

SQT | ㈜소프트웨어품질기술원